El secreto
de las doce noches
de Navidad

JEANNE RULAND

El secreto de las doce noches de Navidad

Una guía a través
de las doce noches sagradas
de Adviento

EDICIONES OBELISCO

Si este libro le ha interesado y desea que le mantengamos informado
de nuestras publicaciones, escríbanos indicándonos qué temas son de su interés
(Astrología, Autoayuda, Ciencias Ocultas, Artes Marciales, Naturismo,
Espiritualidad, Tradición…) y gustosamente le complaceremos.

Puede consultar nuestro catálogo en www.edicionesobelisco.com

Colección Nueva conciencia
El secreto de las doce noches de Navidad
Jeanne Ruland

1.ª edición: noviembre de 2020

Título original: *Das Geheimnis der Rauhnächte*
Traducción: *Beatriz García Alonso*
Maquetación: *Marga Benavides*
Corrección: *M.ª Ángeles Olivera*
Diseño de cubierta: *Isabel Estrada*

© 2009, 2019, Schimer Verlag, Darmstadt, Alemania
(Reservados todos los derechos)
© 2020, Ediciones Obelisco, S. L.
(Reservados los derechos para la presente edición)

Edita: Ediciones Obelisco, S. L.
Collita, 23-25 Pol. Ind. Molí de la Bastida
08191 Rubí - Barcelona - España
Tel. 93 309 85 25
E-mail: info@edicionesobelisco.com

ISBN: 978-84-9111-644-8
Depósito Legal: B-19.257-2020

Impreso en Gráficas 94, Hermanos Molina, S. L.
Polígono Industrial Can Casablancas
c/ Garrotxa, nave 5 - 08192 Sant Quirze del Vallès - Barcelona

Printed in Spain

Reservados todos los derechos. Ninguna parte de esta publicación,
incluido el diseño de la cubierta, puede ser reproducida, almacenada,
transmitida o utilizada en manera alguna por ningún medio,
ya sea electrónico, químico, mecánico, óptico, de grabación
o electrográfico, sin el previo consentimiento por escrito del editor.
Diríjase a CEDRO (Centro Español de Derechos Reprográficos, www.cedro.org)
si necesita fotocopiar o escanear algún fragmento de esta obra.

LAS NOCHES DE NAVIDAD

La Tierra recibe en su seno
a la luz de la Nueva Era.
La mece y la sostiene
hasta parecer suficientemente fuerte como para elevarse a la vida.
Hijo del Sol, ilumina el mundo
con los rayos de la nueva mañana.
Trae esperanza, paz y nuevas fuerzas.
Ya has conquistado la victoria,
aunque la lucha aún está por llegar.
Cuando nos unimos a ti,
tus poderes del Sol nos guían con seguridad.
Libera, suelta, despierta con tu luz.

Las fuerzas del destino trabajan durante este tiempo,
recuerdos reprimidos,
inquietos bancos de niebla en nuestros sueños,
telarañas del pasado pegajosas
que no se han terminado de tejer,
oscuros secretos que permanecen invisibles
en llamas en lo profundo del alma.
Lobos hambrientos vagando por el intenso frío de la noche,
sedientos de sangre caliente,
almas que exigen venganza y recompensa

y claman justicia.
Las viejas cuentas quieren ser saldadas.
Los espíritus de los ancestros con túnicas grises esperan en la noche,
envían premoniciones, ¡ten mucho cuidado!

Odín, Perchta con su caza salvaje, vagan por ahí,
olfatean las viejas y oscuras huellas,
porque nada se pierde en el ser.
Dan golpes en las ventanas,
cruzan extensiones frías y nevadas.
¿Estás listo para deslizarte en lo nuevo?
Los hechos están esperando ser examinados, medidos y valorados.
Las nornas en los manantiales subterráneos
observan el modelo tejido de la vida.
¿A qué estás conectado visible e invisiblemente?
¿Qué has hecho en tu vida?
¿Cómo es el modelo de tu vida?

Un juicio espiritual tiene lugar,
para redefinir los hilos del destino.
Caminante entre los mundos, mira en tu interior,
contempla tu sombra y tu santuario ancestral.
El destino se mide con precisión, también está en tus manos.
¿Cómo diriges el hilo del destino en tu atuendo espiritual?
Conéctate de nuevo al origen espiritual de tu ser.
El azar te trae lo que debe pasarte.
Nada entra en tu vida por casualidad.
Con mucha antelación está preparado

tu camino del destino.
Acepta lo que experimentas
en estas noches de murmullo,
presta atención, permanece allí, escucha atentamente al viento,
al niño celestial,
que te trae noticias nuevas.
Que el nuevo año te traiga mucha bendición
y que no tengas que luchar con todas tus fuerzas.

PREFACIO

*Cada año el Niño Jesús vuelve de nuevo a la Tierra,
   aquí donde estamos las personas.
Entra a cada casa y las bendice.
Entra y sale con nosotros en y desde todos los caminos.
Permanece también a mi lado, en silencio y sin ser reconocido,
   me guía fielmente cogiéndome la mano.*

Wilhelm Hey (1789-1854)

Los preparativos para la noche sagrada, noche en la que la luz vuelve a nacer, comienzan con el primer Adviento. Adviento significa «llegada». Esperamos la llegada de la luz eterna, que renacerá en la noche más oscura. Hacemos planes, preparamos galletas, interiorizamos, nos dedicamos a contenidos espirituales y leemos libros sagrados, cantamos, compramos, envolvemos regalos, escribimos tarjetas de agradecimiento y bendiciones, y reflexionamos acerca de cómo queremos celebrar esta fiesta.

La Navidad es un tiempo de celebración y vacaciones. Aquellos que puedan deberían tomarse cierto tiempo libre y disfrutar de estos días «en medio de los años». Caminamos por un portón del año que se acerca al año nuevo, y tenemos la oportunidad de mirar hacia atrás y dar las gracias con un pequeño regalo a todos los que nos acompañaron a lo largo del año. Así restablecemos los lazos familiares y fortalecemos nuestras raíces. Nos encontramos con amigos para divertirnos juntos, intercambiar ideas, alegrarnos mutuamente y celebrar el retorno de la luz.

Miramos hacia atrás y, al mismo tiempo, hacia delante: ¿qué dejamos atrás y qué nos llevamos con nosotros en el año nuevo? ¿Qué nos traerá? ¿Qué viviremos? ¿Qué queremos planear ahora? Predecimos y prestamos atención a las señales para atrevernos a mirar al futuro.

La Navidad es un tiempo misterioso y místico en el que están abiertas todas las puertas a otras dimensiones. Éstas oscilan desde el reino humano hasta el reino de los muertos, desde el reino de los seres de la naturaleza hasta el reino de los ángeles y los reinos cósmicos. Una corriente de bendiciones desciende a la Tierra. La renovación y la sanación pueden ocurrir en todos los niveles. Quiero escribir sobre esta época en este libro. Lo que la hace tan especial no está necesariamente relacionado con los ritos y las costumbres religiosas, puesto que es un acontecimiento cósmico, natural, que se repite año tras año, con independencia de las modas y las tendencias espirituales.

A lo largo de la historia esta época especial ha recibido muchos nombres y se ha celebrado de diversas maneras. Pero la esencia de las «noches sagradas», de la luz que bendice eternamente, del valorar y del renegociar, y la puerta de entrada a lo nuevo ha permanecido inalterable. Vivimos en una época de cambios. Muchas cosas están volviendo a sus raíces, los círculos se cierran y se abren más posibilidades que nunca para celebrar esta época santa. Quien celebre conscientemente estas noches puede fijar el rumbo del año que viene de forma favorable para llevar una vida plena en armonía con la naturaleza superior. Por eso me gustaría presentar las costumbres tradicionales, las raíces y los nuevos caminos que te inspirarán a celebrar esta época de forma consciente y activa.

Que todo lo que cocreamos, con lo que estamos visible y secretamente conectados, tenga un efecto de bendición. En este sentido, te deseo una época de Navidad bendecida y un año nuevo feliz, brillante y lleno de confianza y fuerza.

En este punto quiero aprovechar de forma breve la oportunidad para dar las gracias a todos los lectores que me acompañan desde hace tantos años.

El secreto de las doce noches de Navidad se publicó por primera vez en 2009, y en aquel momento desencadenó un verdadero *boom* y abrió para mucha gente la puerta a la magia de las noches de sahumerio. Estoy muy agradecida de que siga acompañando a la gente a través de esta maravillosa época con un nuevo diseño. Que también te dé nuevos impulsos y te aporte sugerencias para celebrar de manera consciente este tiempo. Feliz año nuevo y muchas bendiciones en todos tus caminos.

Holla,
Jeanne Ruland

QUÉ OCURRE
EN LA NATURALEZA

En la época prenavideña, a finales de noviembre, la puerta dorada comienza a abrirse. Durante el signo de escorpio, que se prolonga desde finales de octubre hasta finales de noviembre, reflexionamos, sin ser conscientes de ello, sobre nosotros mismos. Volvemos en gran medida a nuestras raíces, al núcleo real que constituye nuestra existencia en la Tierra. Un fragmento más del pasado ha sido superado y se han encontrado nuevos impulsos de luz.

La naturaleza se ha retirado ahora del todo al interior de la Tierra. La niebla se va disipando poco a poco y llega la temporada del aire claro y fresco, del frío y de las primeras nieves. Los animales y los seres de la naturaleza comienzan a hibernar. El manto de nieve se extiende suave y silenciosamente sobre la naturaleza para que ésta se pueda recuperar de las huellas del viejo año. Los lagos están congelados, la naturaleza se ha despojado de toda su ropa vieja. Los vientos fríos soplan alrededor de las casas y las nubes que traen la nieve y la lluvia atraviesan la Tierra.

El descenso a la oscuridad termina con el comienzo del signo del zodíaco sagitario a finales de noviembre, aunque los días son aún más cortos y más oscuros durante las semanas posteriores. El impulso de fuego es ascendente y activo, puesto que la luz que se encuentra en las profundidades ahora es conducida hacia arriba para que pueda encenderse allí como una nueva llama.

El nacimiento de la luz es preparado por las fuerzas terrestres y cósmicas en igual medida y tiene lugar tanto en la naturaleza como en nosotros mismos. En los días de diciembre, las estrellas a menudo brillan de un modo muy bello y se ven claras en el cielo, y dirigimos la vista hacia ellas en una visión de futuro superior.

Durante este tiempo, las nornas, los tejedores del destino, tejen los hilos invisibles para el año venidero. Ahora todo comienza a prepararse para el renacimiento de la luz. Una magia especial está en el aire.

EL ADVIENTO, un proceso de 28 días

La época en la que nos preparamos para el renacimiento de la luz suele denominarse Adviento (del latín *adventus*, que significa «llegada»), y consta de cuatro domingos.

Los cuatro domingos de Adviento significan:

1.er domingo: yo soy (unidad - todo es uno), elemento aire - idea, nueva chispa

2.º domingo: tú eres (dualidad - polaridad, femenino/masculino), elemento agua - sentir la idea

3.er domingo: nosotros somos (trinidad, revelación), elemento fuego - acción activa

4.º domingo: que sea (las infinitas posibilidades de lo divino que surgen de la Trinidad), elemento tierra - materialización

Los cuatro domingos nos recuerdan el santo número cuatro que también encontramos en las estaciones del año, los elementos, los puntos cardinales y los cuatro pilares, los cuales garantizan la estabilidad y, por tanto, un fundamento seguro sobre el que pueden crecer cosas nuevas.

Cuando se produce un cambio de paradigma, cuando surge un nuevo modelo o cuando se debe practicar un nuevo patrón de comportamiento, se necesitan 28 días para que se afiance. Esto está relacionado con el ciclo lunar, que también dura 28 días. Durante este tiempo se puede llenar y vaciar de energía. Si queremos cambiar algo en nuestra vida de manera fundamental, lo sensato es trabajar en una nueva idea, un nuevo dogma, durante al menos 28 días consecutivos para que este cambio pueda asentarse en nuestra vida y tenga un efecto positivo. El Adviento representa este período.

Así, en el primer domingo de Adviento podemos reflexionar sobre lo que más nos gustaría cambiar en nuestras vidas. Qué dogmas nos impiden experimentar el éxito, la felicidad, o la bendición. Qué nuevos pensamientos, qué sentimientos o qué cualidad nos gustaría tener durante los próximos 28 días para que algo nuevo pueda manifestarse en nuestras vidas.

El Adviento, entendido como un tiempo de silencio y llegada, también nos ofrece la oportunidad de crear ejercicios espirituales o meditaciones, de tal manera que utilizamos la ley universal de la atracción y permitimos que nuevas visiones, pensamientos e ideas entren en nuestras vidas.

Por ejemplo, durante los próximos 28 días podemos planear estar en paz y capturar una visión de un gran deseo, de un deseo de corazón. De esta manera llegamos a nosotros mismos, y estamos abiertos y listos para recibir la nueva luz dentro de nosotros.

Participa activamente en el milagro que eres.
El Adviento es un excelente momento para hacerlo.

COMIENZAN LAS DOCE NOCHES DE NAVIDAD

Las noches de Navidad o sahumerio comienzan con un evento de la naturaleza que se repite año tras año: el solsticio de invierno del 21 de diciembre. Hay otras noches mágicas en el ciclo anual que no pertenecen a los días «entre los años». Pero aquí arrojamos de momento cierta información sobre el solsticio de invierno.

Solsticio de invierno – noche de Yule

El 21 de diciembre, durante la noche más oscura y larga del año, la luz renace. El 22 de diciembre significa parada y unidad. El 23 de diciembre significa dualidad y fertilidad. El 24 de diciembre representa el punto de inflexión definitivo, porque sólo después de tres intervalos se completa el giro del eje de la Tierra y nace el radiante niño (la luz).

El solsticio de invierno, también llamado fiesta de Yule, es una fiesta del Sol y la Tierra. Es una época de contemplación, silencio, revelación y bendición para lo que nos deparará el nuevo ciclo anual. Es un momento de purificación y preparación, de anticipación de lo que está por venir. Después de la noche del solsticio de invierno, la luz recién nacida debe ser guardada en el seno de la madre para que sea suficientemente fuerte para elevarse de nuevo.

En tiempos antiguos, el solsticio de invierno era considerado como la noche de la madre, porque se suponía que la luz saldría de nuevo a través de los movimientos en el seno de la Madre Tierra o de la Gran Diosa.

En *Edda*, una colección de poemas nórdicos de los siglos XII y XIII, encontramos un referente a la Navidad: «La diosa radiante da a luz a una hija antes de que el lobo la ahogue». La Navidad probablemente se denominaba la Luna del lobo porque, según la leyenda, «el lobo» había intentado devorar al Sol. Por tanto, se asumió que el Sol, símbolo de la nueva luz que puede ser cubierto con rapidez y devorado por los eventos del pasado, tenía que ser cuidado.

Después del nacimiento de la luz, comienza la caza salvaje de Odín, la cual dura doce días y sus noches. El regreso de la luz ya ha tenido lugar, pero la época más fría y dura del invierno aún está por venir.

Se celebra el solsticio de invierno para recordarnos que la oscuridad que está aún por venir ya ha perdido su batalla. Esto proporciona valor, fuerza y esperanza para superar de manera adecuada y con confianza la época que está por venir.

En los viejos tiempos, la gente aprovechaba las noches mágicas para celebrar, para transmitir viejas sabidurías e historias, para escuchar, para reunirse y para planificar el año nuevo. ¿Qué planes hay para el año nuevo? ¿Qué tenemos por delante?

Día y noche de santo Tomás Apóstol

En el cristianismo, al 21 de diciembre también se le llama día de santo Tomás Apóstol y recuerda al incrédulo Tomás, uno de los doce apóstoles de Jesús. Es el día más corto del año. En algunas regiones, el día de santo Tomás es el comienzo de un período de doce días de campanas continuas que, se supone, alejan a los espíritus malignos que deambulan en esa época. En el pasado, el día de santo Tomás fue también el día de los jueces y del consejo. Podía terminar o comenzar el mandato de un año.

Hay muchas costumbres en la noche de santo Tomás, como pasar la noche sentados o tejiendo. Se supone que durante esta noche es posible mirar al futuro y tejer el destino de nuevo. Muchas costumbres fueron tomadas de antiguos ritos de la noche de Yule.

Alban Arthuan

Otro nombre antiguo para el solsticio de invierno del 21 de diciembre es Alban Arthuan, que significa «la luz de Arturo». Esta fiesta se celebraba a menudo durante tres o cuatro días. Los druidas expresaban mediante el ritual su tristeza por la aparente muerte de la luz. Él ha hecho el milagro, la luz renace. El hijo de la luz yace en los brazos de la madre oscura y profundamente femenina. Las siguientes noches fueron las noches de la santa Madre y se utilizaban para pronosticar el año venidero.

Durante estas noches se limpiaban y bendecían medicinas, objetos rituales, agua y otras cosas, y se realizaban ceremonias sagradas.

24 de diciembre - Nochebuena

Ya en el cristianismo temprano, el nacimiento de Cristo fue fechado el 24 de diciembre. La luz de Cristo o el nacimiento del Hijo de Dios representa la esperanza, el retorno, la victoria y la redención. Durante la noche del 24 al 25 de diciembre, el Sol pasa por el punto más bajo del año en su trayectoria anual. En el este se eleva la constelación de la Virgen. En el momento en que la Virgen pone los pies en el horizonte, sabe que el Sol sale de nuevo y trae nueva vida al mundo. Del mismo modo que el Sol nació en el oscuro seno de la Madre Tierra, Jesús, según la tradición, nació en un establo o en una cueva. La Madre María simboliza el principio femenino; José, el masculino; los pastores, el corazón abierto, y los ángeles, la luz de la primavera. Los Reyes Magos, cuyo homenaje se conmemora en el establo de Belén el 6 de enero, simbolizan el conocimiento y el amanecer de una nueva era. Durante las noches de sahumerio siguieron la estrella para regalarle al recién nacido Niño Jesús oro, incienso y mirra, que simbolizan las etapas de la rueda de la vida.

El Sol que devora al lobo se puede encontrar en el evangelio en la forma del rey Herodes, quien, cuando fue conocedor de que el Hijo de Dios había nacido, ordenó el asesinato de todos los bebés y niños del país.

FENÓMENOS NATURALES ESPECIALES DURANTE LAS NOCHES DE SAHUMERIO

Escucha el murmullo en la noche,
empiezan los días áridos.
El día es breve, la noche es larga,
fría, dura, todo yace en silencio.
Toma conciencia de lo invisible.
Tiembla de frío, estremécete,
acurrúcate en silencio,
en la calma muda se revela silenciosamente
la semilla para continuar el viaje.
La Luna y la luz de las estrellas te guían,
te abren puertas ocultas.

Un año lunar, es decir, doce ciclos lunares de unos 28 días, consta de 354 días. Hasta los 365 días del año solar faltan doce noches.

Estas once o doce noches se equiparan con nuestras noches de sahumerio y se consideran místicas y mágicas, porque están «fuera de la época»: el destino puede ser renegociado, y el futuro se puede predecir y conjurar. Los espíritus de la naturaleza salen durante estas noches para volver a tejer y cambiar las fuerzas.

En la mayoría de las regiones, las noches de sahumerio comienzan en Nochebuena (del 24 al 25 de diciembre) y terminan con la Epifanía, la noche del 6 de enero. No obstante, existen otras opiniones con respecto al período. Por ejemplo, en algunos lugares, la noche del 21 al 22 de diciembre (es decir, la noche de Yule) se celebra como la primera noche de sahumerio.

Durante las noches de sahumerio se pueden observar algunos fenómenos especiales de la naturaleza. En primer lugar, antes del solsticio de invierno, experimentamos cómo el Sol se mueve a través del cielo en arcos cada vez más pequeños. El 21 de diciembre ha alcanzado su punto más bajo. Es el día más corto y oscuro del año. La oscuridad parece triunfar sobre la luz. Es el «punto de inflexión», porque desde este punto cero aparente la luz penetra profundamente en la oscuridad y despierta la semilla dormida de la luz en todo. Y pronto los jugos en la Tierra empiezan a moverse de nuevo.

La luz

Como el Sol está extremadamente bajo durante esta época, la luz adquiere un fino brillo dorado y se crean finos matices de color.

Las personas

Las personas sensibles perciben de verdad el aumento de la actividad sutil de lo espiritual, tal vez de manera especial, porque nada parece moverse en la naturaleza. La calidad del nuevo año parece revelarse durante este tiempo. También se dice que se puede escuchar a los animales hablar y observar los movimientos sutiles en la red que conecta todo. Pero en medio del aparente silencio existe un animado ajetreo en los paisajes etéreos.

Los animales

Los corzos guardan un «secreto de las noches de sahumerio»: agosto es su época de celo. El óvulo fertilizado permanece en la trompa hasta Navidad. Durante las noches de sahumerio, comienza a desarrollarse el huevo en reposo y empieza a formarse un nuevo ser. Los corzos, alces y ciervos son, además, los animales que guían a Papá Noel, quien trae regalos y premios, y despierta así en las personas la curiosidad, el amor y la alegría para que puedan entrar confiados en el año nuevo

Las plantas

La ciencia ha demostrado que durante las noches de sahumerio, especialmente alrededor de Nochevieja, el período de inactividad en las plantas y semillas llega a su fin. En lo profundo de la Tierra las semillas se despiertan lentamente y germinan. La savia de la planta se mueve y asciende de nuevo. Esto se puede observar sobre todo en los árboles. Pero también bajo el hielo de los lagos congelados las algas comienzan a moverse.

Los elementos

Los elementos tierra, agua, fuego y aire aparecen en formas más o menos pronunciadas que tienen un significado para el año nuevo. Por tanto, es un momento particularmente bueno para predecir el tiempo.

EL NOMBRE DE LAS NOCHES DE SAHUMERIO

Las doce noches sagradas también se denominan noches de bendición, noches de campanas o noches de fumar. Estos nombres tienen diferentes orígenes y significados, los cuales reflejan las cualidades de estas noches en sus facetas. Se discute sobre el origen de los nombres de distintas maneras. Hay hallazgos científicos y sabiduría popular. Esta última fue, sin cuestionarla, transmitida de generación en generación. A continuación encontrarás una selección de nombres, explicaciones y costumbres que no están científicamente fundadas, pero que, en su mayoría, provienen de la sabiduría popular.

Las noches del lobot

Los días de las noches de sahumerio también se llaman noches del lobo o lunas del lobo. Antaño, en esta época del año, los lobos se aproximaban mucho a los asentamientos humanos en busca de alimento. Se los oía aullar a la Luna por la noche y no era raro que atacaran a las personas o incluso a los animales en los establos.

El lobo también está vinculado con el reino ancestral y con la calidad del liderazgo de una comunidad. Durante este tiempo, los chamanes y los líderes tribales solían buscar la soledad para encontrar señales y respuestas para el rumbo y los caminos del nuevo año.

Las noches de sahumerio

Las noches de sahumerio describen el tiempo entre año y año, el tiempo de nadie, el período de transición, el tiempo místico. El mundo espiritual cobra vida. Las viejas estructuras se rompen para que puedan surgir otras nuevas.

En estas noches la caza salvaje vaga por ahí para restablecer el equilibrio. La injusticia sale a la luz y exige una compensación. Las noches de sahumerio también están dedicadas a los seres místicos que surgieron de la transformación del animal y del hombre. Aún hoy en día, en varias regiones de los Alpes, personas ataviadas con pieles de animales todavía desfilan por los pueblos para practicar la justicia y advertir a la gente de las mentiras y los engaños o para examinar su conciencia.

La verdad se revela por sí misma. Es el mejor momento para mirar detrás de las propias sombras y cambiarlas.

El término *Rauhnächte* («noches de sahumerio») probablemente se remonta a la palabra alemana del alto alemán medio *ruch* («peludo»), y hace referencia al pelaje del animal. En muchos lugares se realizaban rituales y ceremonias alrededor del ganado durante estas noches y se hacían desfiles de máscaras, utilizando también el pelaje para ahuyentar a los espíritus malignos. La gente común tomó el nombre de la niebla que a menudo se formaba durante esta época, de los vientos fríos y las tormentas que soplaban alrededor de la casa y del humo del fuego abierto. También era habitual realizar rituales de sahumerio para limpiar la casa y el patio, para ahuyentar a los demonios y para destruir los gérmenes patógenos. Se utilizaban sobre todo hierbas locales como el beleño, la salvia, la corteza de saúco o la resina de abeto. Más tarde, el sacerdote o el patriarca se hacía cargo del sahumerio tradicional mediante el uso de incienso.

Además del sahumerio, la gente acostumbraba a limpiar de forma física la casa y el patio para prepararse para la nueva luz y el nuevo año, para expulsar demonios y ahuyentar el mal. Las tradicionales noches de sahumerio son las noches del 21, 24 y 31 de diciembre, así como la del 5 de enero.

Pero el nombre *Rauhnacht* también podría tener su origen en el vocablo *raunen*. Según la tradición, durante las doce noches de sahumerio, Odin y, en otros lugares, la Perchta empiezan con la persecución o caza salvaje. Según la creencia popular, durante este período el reino de las almas de los difuntos está abierto, de modo que los espíritus, en cierta manera, salen. Las almas no redimidas exigen compensación y justicia. Los ancestros amados y tan llenos de luz, a quienes a nuestros antepasados les gustaba dirigirse, daban buenos consejos, bendiciones e indicaciones. Por tanto, esta época es muy apropiada para prestar atención a los murmullos de los espíritus o para evocar a los espíritus, trabajar con los ancestros o incluso expulsar a los espíritus. Muchas técnicas de oráculo y prácticas para predecir el futuro se basan en el murmullo de los espíritus que deambulan por ahí en esta época.

Las noches de las campanas

El nombre *Glöckelnächte* («noches de campanas») proviene del tradicional toque de campana de la iglesia, que todavía hoy en día se hace en diferentes regiones durante doce noches a partir de la noche de santo Tomás o Navidad para mantener alejados a los espíritus malignos.

EL SECRETO DEL TIEMPO

Las noches de sahumerio son noches «entre año y año». El tiempo y el espacio no existen. Nos adentramos donde estuvimos antes de nacer y donde estaremos después de morir para hacer un balance, reflexionar sobre nuestra vida y reorientarnos. En esta fase del ciclo anual podemos volvernos hacia el Gran Misterio y, al interpretar los acontecimientos y sueños que se nos envían en este tiempo sagrado, podemos reconocer el camino que hemos de tomar en el nuevo año.

Durante esta época se lleva a cabo la justicia mediante el consejo kármico y la caza salvaje, que ve y sabe todo, incluso lo que se ha ocultado, lo que se ha hecho de forma sucia y con alevosía, o lo que ha sucedido por interés propio en detrimento del otro y exige una compensación. El conocimiento, la gracia y el perdón son la manera de cambiar estas cosas.

Además, es un tiempo de limpieza, expulsión, sahumerio, encantamiento, así como de creación activa y reorientación.

Durante este período de tiempo se puede ir en busca del consejo de los ancestros llenos de luz, de los ángeles y del mundo espiritual. Las señales de un nuevo devenir se anuncian a través de los sueños, hechos y premoniciones mediante animales y experiencias, así como la dirección en la que todo se va a desarrollar.

En la sabiduría popular hay muchas costumbres que nos ayudan a determinar una dirección. Tenemos la oportunidad de corregir los acontecimientos desfavorables en dos ocasiones (el día de los Santos Inocentes y el día de las Reinas) para poder fijar el rumbo hacia la felicidad para el año nuevo.

¿Cuántas noches de sahumerio hay?

Como se ha descrito antes, el número varía de tres a doce días, dependiendo de la región y la costumbre. Hoy en día, la mayoría incluye las doce noches desde la Nochebuena (la noche del 24 al 25 de diciembre) hasta la Epifanía del 6 de enero. Según las antiguas costumbres, eran las noches del solsticio de invierno al 2 de enero, o incluso al 6 de enero, sin contar los días festivos.

Las noches de sahumerio más importantes

Cuatro noches de sahumerio tienen peso,
te muestran la luz y la sombra,
dos «importantes» (24/12 y 5/1),
y dos «menos importantes» (21/12 y 31/12).
De forma sagrada y peligrosa, aquí es donde se negocia
    el destino
y se transforma la vida.
Caminante, reza, ayuna
para que no te pueda pasar nada.

Pero también hay noches de sahumerio que no caen justo entre año y año. Las más conocidas son éstas:

- 29/11-30/11: la noche de san Andrés
- 1-2/11: el día de Todos los Santos
- 2/11-3/11: la noche de san Umberto
- 5/12-6/12: la noche de san Nicolás
- 21/12-22/12: solsticio de invierno
- 24/12-25/12: Nochebuena
- 27/12-28/12: el día de los Santos Inocentes
- 31/12-1/1: Nochevieja
- 4/1-5/1: la noche de las Reinas
- 5/1-6/1: el día de Reyes/la noche de la Epifanía
- 30/4-1/5: la noche de las Brujas
- Carnaval en febrero

UN BREVE RECORRIDO HISTÓRICO

*El Sol gira en sus órbitas,
intemporal en su manto de luz.
¿Todavía no somos aquí en la Tierra
conscientes de todo esto?
Ella alimenta todas las vidas.
No establece diferencias
entre religiones, razas y nacionalidades,
porque es universal.
Es la clave de la verdad universal
que está disponible para todos.
Ha sido adorada en todo momento por todos los seres humanos
que habitaron este planeta.*

*El solsticio de verano, el solsticio de invierno
los equinoccios son eventos cósmicos.
Su reflejo siempre está plasmado
en nuestras fiestas.
Si observamos el núcleo de una cosa,
percibimos que no ha cambiado,
aunque se muestre en diversas máscaras,
caras y trajes.*

Para nuestros antepasados europeos, el solsticio de invierno era un acontecimiento importante, y las noches posteriores eran sagradas. Para entender esto, uno debería trasladarse al pasado.

Los inviernos aquí, en Europa, podían ser muy largos y duros cuando las provisiones escaseaban, la leña no era suficiente y no existía posibilidad de encontrar alimento en la naturaleza. A menudo, los meses de invierno constituían una lucha dura y tenaz por la supervivencia, y las personas no sabían si sobrevivirían. Muchas personas enfermas, pobres, viejas y débiles murieron en aquel entonces.

Las incursiones hostiles y las expediciones militares se planificaban especialmente para los largos meses de invierno, por lo que nuestros antepasados tenían que temer los atracos, las ofensivas, los incendios asesinos y el hambre. Ladrones y ejércitos enemigos recorrían el país e iban saqueando todo lo que podían encontrar y, a menudo, devastando pueblos enteros.

Por tanto, la caza salvaje no era sólo un término de la mitología, sino que a menudo era un evento demasiado real y cruel que traía consigo pérdidas, enfermedades y la muerte; se grababa en la memoria de los seres humanos y ha permanecido en ella hasta la actualidad.

Nuestros antepasados estaban mucho más integrados en el ritmo de los acontecimientos de la naturaleza, ya que no podían utilizar luz artificial, encender la calefacción o ir al supermercado a comprar la comida que les apetecía en ese momento. Dependían de la caridad, la misericordia y la compasión. Compartir el pan con los demás era a menudo necesario para sobrevivir durante este tiempo.

Por tanto, no es sorprendente que en aquellos momentos las fiestas en el ciclo anual estuvieran orientadas hacia los acontecimientos cósmicos y los de la naturaleza. Se estaba conectado con la naturaleza, sus fuerzas y sus seres, y el velo entre los mundos era muy fino en algunos momentos. Las personas y los espíritus de la naturaleza vivían y festejaban en armonía para honrar y preservar el sustento de la vida, para crear esperanza y ganar fuerza.

Los equinoccios de primavera y otoño, así como los solsticios de verano e invierno, eran eventos muy importantes del año. En el solsticio de invierno, el regreso de la luz proporcionaba esperanza y fuerza en un tiempo en que los duros, largos y fríos meses de invierno aún estaban por venir. Esta fiesta se celebraba de forma muy alegre y, los días siguientes, sentados alrededor del fuego con familiares y amigos, la gente miraba hacia el pasado y hacia el futuro en el nuevo año, el cual prometía esperanza, regreso y una vida mejor.

A los espíritus de la naturaleza se les ofrecía comida, compartían sus provisiones y hablaban con la naturaleza y con los animales. La gente consultaba al oráculo para entender las indicaciones, interpretaciones y señales del tiempo, así como para protegerse de ataques de todo tipo. Muchos de los rituales y costumbres de esta época tenían como objetivo llenarse de valor para los tiempos venideros, recuperar energía, hacer más benévolas las fuerzas de la naturaleza, proteger la casa, la granja y la familia, así como salvaguardar el ganado y los alimentos. Al ganado, necesario para la supervivencia de las personas, se le protegía con todos los medios y a todos los niveles.

Alrededor del fuego se compartían cuentos, leyendas, historias y vivencias que se transmitían a los niños. Se interpretaban los sueños, y los curanderos y líderes de una tribu dialogaban en soledad y miraban hacia la dirección en la que guiarían a su gente en el año venidero.

Con la difusión del cristianismo en Europa, las costumbres y los rituales paganos fueron dotados de un aspecto cristiano para que el pueblo no tuviera que renunciar a sus ritos y pudiera identificarse mejor con la nueva fe. Así, las ocho fiestas anuales, que estaban consagradas al ritmo de la Tierra y el cielo, y en las que se honraba a la Gran Diosa, la Tierra, el Sol y el Dios del cielo, se convirtieron en fiestas cristianas que debían hacer entender la vida de Jesús, pero que tenían una simbología similar a la de las fiestas paganas originales. Esto fue establecido poco a poco en varios concilios de la Iglesia y, si era necesario, ejecutado por los gobernantes de aquella época con la fuerza bruta y bajo la amenaza de la pena de muerte.

Las noches de sahumerio fueron también las noches de consagración. En el siglo VIII d. C., la fiesta de las noches de consagración se convirtió en la celebración cristiana de la Navidad. Carlomagno (742-814), que reinaba en esa época, la declaró celebración eclesiástica del nacimiento de Cristo y prohibió la realización de los antiguos ritos bajo pena de muerte.

Algunas costumbres han sobrevivido porque fueron incorporadas a los ritos de la Iglesia y transmitidas de generación en generación en forma de historias y leyendas. Así, por ejemplo, la costumbre pagana de poner un abeto de hoja perenne como símbolo de vida eterna en las noches de consagración, hacer ruido en Nochevieja y sahumar el 6 de enero. Sin embargo, muchas costumbres y ritos se han perdido.

Hoy nos encontramos de nuevo en un momento crucial. Los medios de comunicación modernos y la globalización nos permiten abarcar un marco temporal más amplio, y conocer y adoptar los valores y las costumbres de culturas extranjeras.

Por otro lado, redescubrimos los viejos ritos paganos aparentemente olvidados, las viejas raíces vuelven a ser reconocibles y brillan entre los habituales, y también muy bellos, rituales cristianos de Navidad. Se está produciendo un despertar global. El poder femenino regresa en su totalidad a su lugar junto al poder masculino.

Esto hace que las normas tradicionales se tambaleen, y la consecuencia de ello son la incertidumbre y la confusión. Ya no se trata de una cuestión de uno u otro, sino de tanto uno como el otro. Pero debemos considerar que casi todas las fiestas que celebramos en el ciclo anual están vinculadas, en última instancia, a los grandes acontecimientos cósmicos de la naturaleza, que pueden ser celebrados de las maneras más diferentes. Las cualidades del tiempo no están ligadas a ninguna religión, sino que son una religión. Volver a conectarse con la naturaleza es hoy en día más importante que nunca, puesto que nos encontramos en el proceso de perder nuestro sustento de vida a través de la alienación de las relaciones naturales. Al desprestigiar la Tierra, nos hemos distanciado de lo que nos sostiene, alimenta y sustenta. Estamos en el proceso de crear el infierno en la Tierra y de expulsarnos del paraíso que nos rodea. La joya azul de la Tierra es uno de los planetas más hermosos de nuestro universo, y es un regalo poder vivir aquí. La Tierra está dando a luz de nuevo y tenemos la oportunidad de desarrollarnos en armonía con ella en algo completamente nuevo y de recuperar una conciencia que ha existido desde el principio de los tiempos. La conciencia ha nacido en nosotros como luz de Cristo, y ahora puede despertar en cada uno de nosotros.

Aunque celebremos este misterio que vivimos cada año, nada cambiará a menos que la luz también se eleve en nuestro interior, nos renovemos desde dentro y despertemos en la inmortalidad de nuestra naturaleza espiritual y nuestro ser.

Las noches de sahumerio ofrecen una oportunidad maravillosa para volver a ese lugar espiritual donde se origina la materia. En esta reconexión aprendemos de los seres espirituales, con los que estamos conectados y que nos guían a nivel interno estando siempre a nuestro lado, algo sobre relaciones espirituales del trascurso del destino en la Tierra. Si hemos cometido errores en el pasado, ahora tenemos la oportunidad de corregirlos y perdonarlos. Experimentamos cómo podemos orientarnos y cómo podemos rediseñar y controlar nuestro destino de una manera positiva y feliz para nuestro bienestar y el de todos. ¡Así que aprovechemos esta preciosa oportunidad!

LA REINA DE LA TRINIDAD – EL REGRESO DEL AMOR

Soy la Gran Madre en forma trinitaria,
soy el espacio infinito y las estrellas sin fin.
Llevo tus sueños y visiones
de otros reinos a la realidad.
Estoy entre la muerte y el renacimiento,
entre inhalar y exhalar.
Llego en el tiempo intermedio,
¡experimento mi cariñosa presencia!
Yo soy la paz.

Originalmente, en tiempos pasados, la diosa en su forma trinitaria era celebrada como virgen, mujer y anciana. La Navidad era una fiesta de la madre, puesto que, en las noches de sahumerio, las noches de la madre, el niño de la luz recién nacido era bendecido y cuidado para que pudiera crecer seguro.

No es posible imaginarse nada de esta época sin las leyendas sobre Perchta y la Madre Nieve (Frau Holle), y para honrarlas y calmarlas se ponía comida en el tejado o en el patio, en los árboles frutales o en los árboles de saúco (bayas de saúco). Otras diosas en las que se piensa en esta época son la diosa de invierno

Berchta y las tres vírgenes santas Ambeth, Wilbeth y Borbeth, que más tarde, durante la cristianización, se convirtieron en las tres patronas Catalina, Bárbara y Margarita.

La diosa del destino aparecía en las noches de la madre y hacía visibles el futuro, el presente y el pasado. Las nornas, que se sientan en los manantiales subterráneos y tejen, miden y cortan el hilo de la vida, pueden ser consideradas un símbolo de este tiempo. El destino se teje de los hilos de las acciones pasadas, presentes y futuras. En los «tiempos entremedios» como las noches de sahumerio era posible obtener una visión del propio entramado de vida e influir positivamente en el destino a través del conocimiento adquirido. Las noches de sahumerio también servían para que el año nuevo fuera más fértil y pudiera ser reestructurado. Los ritos originales de la Santa Madre fueron transformados y cristianizados. Se supone que la tradicional cabalgata de los Reyes Magos del 5 de enero, que todavía se celebra en algunos lugares con tres mujeres a la cabeza, estaba originalmente dedicada a las tres santas vírgenes. La inscripción de la bendición C+M+B (del latín *Christus mansionem benedicat,* «Cristo bendice esta casa») también podría representar las runas Kenaz (C, la antorcha, la luz), Ehwaz (M, movimiento, desarrollo, progreso) y Berkana (B, fertilidad) o las tres mujeres santas, Catalina, Margarita y Bárbara.

Las tres vírgenes santas, además, simbolizan la Trinidad y los tres aspectos de las diosas primitivas. Wilbeth representa el renacimiento; Ambeth, la fertilidad y la sabiduría, y Borbeth, la protección y la curación en la Tierra. Su inscripción de bendición (XXX o K+M+B) crea una conexión con el C+. Así que aquí podemos entrever las raíces de una tradición mucho más antigua: se recibía la bendición de la Madre Tierra para emprender el camino por la vida.

Muchos de los antiguos ritos sagrados femeninos fueron demonizados, tergiversados y profanados. Hoy en día a menudo encontramos a estas diosas en forma de figuras tenebrosas para infundirnos miedo.

Los días en torno a las noches de sahumerio nos ofrecen la oportunidad de volver a las raíces, de respetarlas y honrarlas, y de conectarnos con ellas de nuevo. La Tierra es nuestro hogar durante cierto tiempo. Ella también es un ser de luz divina que, en última instancia, como nosotros y toda la vida, consiste en luz vibrante. Da vida, la alimenta y sepulta el cuerpo en su propio seno de madre después de que nuestra alma lo haya abandonado. Si estamos en armonía con la Madre Tierra, podemos tejer nuevas visiones y diseñar de nuevo por completo nuestras vidas.

En este sentido, durante este tiempo uno puede recibir visiones, despertar sueños, desprenderse de lo viejo para entrar en una nueva mañana. No sirve a nadie si cubrimos nuestra luz, nos hacemos pequeños y malos, nos lamentamos, nos quejamos, culpamos a otros por nuestro destino y nos aferramos a ideas anticuadas de pecado, culpa, indignidad, infierno o purgatorio. Somos hijos del cielo y de la Tierra, y deberíamos extendernos hacia lo que somos realmente, aceptar la luz que brilla en nuestro interior y realizar el plan con el que vinimos a la Tierra.

Nuestra vida es profundamente significativa.

Merecemos estar protegidos, tener éxito, ser felices y estar sanos, y superar el sufrimiento, el dolor y la pena. Merecemos poder ayudar a configurar el destino como generación actual. Estas noches «entre año y año» tenemos la oportunidad de volver a orientarnos y usar nuestros poderes creativos para beneficio de todos.

La materia es un poder creativo que se puede moldear. La Madre Tierra da forma y cuerpo. La historia de la Tierra nos muestra que su aspecto ya ha cambiado muchas veces. No tengas miedo del universo, del silencio y de la oscuridad intemporal y llena de luz. El universo tiene una voz amable, cariñosa, y es capaz de llenar espacios. Ningún niño tiene que temer al universo. Ya nuestros antepasados conocían toda esta presencia cariñosa. En el seno del gran Todo estamos en buenas manos, podemos encontrar la paz y un nuevo camino de amor sobre el que podemos recorrer el camino en la Tierra en armonía con nuestro verdadero ser.

PERCHTA Y SU CORTEJO DE ESPÍRITUS

Atrapado, desterrado a la oscuridad,
la luz ha irrumpido en las tinieblas,
el horror y los miedos empiezan a aparecer.
Atrapado sin esperanza en pesadillas e imágenes antiguas,
perseguido por hechos pasados,
seremos juzgados.
¿Puedes entrar en lo nuevo
o te devora lo viejo?
Si tienes una segunda oportunidad,
puedes llenarte de valor
¿o quieres seguir ardiendo en el fuego interior?
Salvación, esperanza, liberación o perdición,
¿puedes perdonar y dejar ir,
en lugar de parar y odiar?
Tanto por dentro como por fuera,
¿con qué cara se te muestra Perchta?

El cortejo/desfile de espíritus de Perchta es una costumbre pagana que simboliza la lucha de los humanos con los elementos. La constelación de Orión, el cazador con sus perros, alcanza su punto más álgido el 5 de enero. La caza salvaje puede entonces comenzar.

Berchta, o señora Perchta, es un antiguo personaje místico que va de aquí para allá sobre la Tierra con su salvaje, audaz e indomable ejército de espíritus de la fertilidad para despertar la Tierra de nuevo, portar bendiciones y hacerla fértil para el año nuevo. Perchta procede de Perath, que significa «radiante, brillante y hermosa». Por encima de esta luz radiante, Perchta lleva una máscara con dos caras, una hermosa, que atrae a la fortuna, y otra fea, desfigurada, castigadora.

Con el paso del tiempo, la radiante y hermosa Perchta se transformó cada vez más en una figura demoníaca y aterradora que captura a las almas condenadas y les da un justo castigo.

Los primeros desfiles/cortejos de Perchta pueden comenzar ya a finales de noviembre y durar hasta el 6 de enero, dependiendo del ritual y de las costumbres regionales. Con un diseño feo, las Perchtas desfilan por el pueblo y los campos. Están disfrazadas con máscaras de madera repletas de arte que pretenden ahuyentar y están envueltas con pieles de animales. Puesto que se confeccionan en secreto, nadie sabe quién se oculta detrás de las máscaras. Las Perchtas desfilan con farolillos y antorchas que brillan de forma fantasmagórica en las calles. Suenan los látigos, retumban los tambores, suenan los cencerros, las cadenas hacen ruido, estallan los petardos, y todo al unísono constituye un ruido infernal.

Perchta va acompañada por tres temibles ayudantes peludos y barbudos cuyas máscaras tienen enormes dientes y cuernos para pinchar a muchas almas condenadas a la vez.

La mayoría de las máscaras no tienen orejas para que los que las llevan no tengan que soportar los gritos de sus víctimas, y están manchadas de sangre. La cola del caballo y los cascabeles también pertenecen tradicionalmente al cortejo de la Perchta. Pero también hay seres hermosos y radiantes entre ellos. A menudo se saca a la gente de la multitud de forma ruda y bruta, y se la castiga. Se la obliga a ponerse de rodillas y a rezar, la llevan consigo y la arrastran tras ellos. Se reparte agua de manantial e incienso, y se despierta la vida de la Tierra.

La caza salvaje está inequívocamente de camino. Sabe a quién tiene que capturar y a quién no. Los aplicados son recompensados, y los vagos, descarados y egoístas son castigados. Lo viejo se desvanece y lo nuevo se despierta. Es un viaje al subconsciente. Vemos nuestras sombras y nos enfrentamos a nuestra conciencia, a nuestros miedos y pesadillas. Las almas de los muertos buscan las almas de los vivos. Pueden traer el desastre, el sufrimiento y la enfermedad, pero también felicidad, redención y liberación, dependiendo de nuestra propia orientación. Lo que hemos sembrado está cogiendo forma.

CUENTOS, LEYENDAS Y MITOS

Los cuentos de hadas, mitos y leyendas en las noches de sahumerio son tenebrosos, espeluznantes, pero al mismo tiempo esperanzadores y redentores. Son testigos de una fuerza espiritual superior, una red de vida en la que todo está conectado y entrelazado entre sí, así como de la inmortalidad del alma, su viaje en la Tierra, su reencarnación y su naturaleza espiritual, que puede mostrarse en su forma redimida y no redimida. Durante las noches de sahumerio uno se libera de su cuerpo y conecta con su naturaleza espiritual-mental. Uno regresa a su hogar espiritual para aprender algo sobre el camino de la vida del pasado, del presente y del futuro, y su verdadera misión del alma: ¿por qué estoy aquí?, ¿qué sentido tiene mi vida?, ¿qué puedo esperar el próximo año?, ¿cómo puedo reconocer y realizar mi plan de alma? Las respuestas a estas y otras preguntas similares se pueden encontrar en una época en la que el mundo exterior tiene poco con lo que distraernos.

En épocas anteriores, a menudo sólo se divulgaban y se transmitían las terroríficas leyendas e historias que tenían por objeto infundir miedo a la gente, puesto que el miedo es un medio apropiado para hacer que la gente sea dócil. Por ejemplo, está la historia de dos buenos amigos que estaban sentados juntos en un bar por la noche, hablaban de esto y aquello, y finalmente llegaron a hablar de la última cosa que le espera a una persona en la Tierra: la muerte y la transición. Terminó con los dos prometiéndose solemnemente esa noche que el que muriera primero regresaría y le diría al otro cómo es el otro lado. De forma inesperada, uno de los dos murió poco tiempo después. Cumplió su promesa y regresó con su amigo para explicarle cosas sobre el otro lado. Los espíritus ayudantes del amigo fallecido llevaron al que aún estaba vivo a la otra realidad. Aprendió mucho sobre maestros, hadas, ángeles, elfos y un sinnúmero de espíritus no muertos. Así que empezó a contar las maravillosas aventuras del otro lado lleno de alegría. Aprendió de sus amigos espirituales a profetizar y a curar, y al final fue quemado públicamente en la hoguera por la Inquisición.

Algunos cuentos de hadas e historias conocidas sobre las noches de sahumerio son las siguientes: *Un cuento de Navidad, El siervo Ruperto, La Madre Nieve, El guante de hierro, Cenicienta, La niña de las cerillas, El dinero llovido del cielo, La Reina de las Nieves*. Gran parte de estos cuentos de hadas trata del camino de la salvación a través del contacto con el mundo espiritual. *Un Cuento de Navidad (A Christmas Story)*, de Charles Dickens, escrito en diciembre de 1843, es un cuento especialmente bonito y apropiado para las noches de sahumerio.

La historia trata sobre el avaro gruñón Ebenezer Scrooge, quien recibe en tres noches de Navidad consecutivas la visita de su difunto compañero Jacob Marley y otros tres espíritus: el espíritu de la Navidad pasada, el espíritu de la Navidad presente y el espíritu de la futura Navidad, que le ayudan a obtener profundas creencias a través de las cuales llega a ser capaz de cambiar su vida de una manera positiva.

El siervo Ruperto aparece como ayudante de san Nicolás o de Papá Noel. Normalmente va ataviado con un hábito oscuro, lleva una vara en el cinturón y un saco de regalos en la espalda. La figura del siervo Ruperto proviene de otras tradiciones: así corresponde a los seres paganos que siguen a Perchta ahuyentando las tinieblas y trayendo la luz. También podría estar relacionado con la figura del Butzelmann (el hombre negro), quien asusta a los niños, o con el legendario caballero Hans Trapp. Estas figuras tienen en común que traen justicia. Los malvados son castigados, los buenos son recompensados y los asuntos viejos son zanjados. De esta manera, las viejas cuentas son saldadas para que uno tenga una nueva oportunidad en el nuevo año.

SERES MÍSTICOS DE LAS NOCHES DE SAHUMERIO

Los seres místicos de la naturaleza aparecen claramente en esta época,
prepárate para algún que otro encuentro.
La fantasía y la realidad se desdibujan, se convierten en un todo
en las salas sagradas.
Los lugares perdidos salen a la luz,
los tesoros salen de la Tierra.
Los espíritus de la naturaleza aparecen de diferentes formas,
quieren probarte y reinar contigo.
Si compartes tu pan, no los olvides,
puede tener una gran importancia.
Los demonios deambulan por las calles,
hacen las muecas de las caras más salvajes.
Atrapado, inmovilizado en cosas viejas,
estás luchando contra las fuerzas elementales.
Mucho ruido para nada (estruendo fuerte), lo viejo se desvanece,
lo nuevo nace.
Que pases protegido a través de este tiempo
para volver a ver lo nuevo.

*Acoge la felicidad y la bendición en ti mismo,
y dirige el posterior curso de la bendición.*

En las noches de sahumerio, todas las puertas de las dimensiones a otros mundos están abiertas. Las puertas del submundo son puertas de la fuerza, de los ancestros, de sombras reprimidas. Las puertas del mundo intermedio son los hilos de nuestra energía, a los que hemos enviado para portar amor, alegría y bendiciones a otras personas, o para condenarlas, combatirlas y rechazarlas. Es el mundo de las propias formas creadas de sentimiento y pensamiento. Las puertas del mundo superior son las puertas de los ángeles y los seres de luz, las fuerzas de la naturaleza, los maestros y los héroes, quienes han recorrido el camino de la Tierra antes que nosotros y desde allí están activos en la eternidad. Nos conectan con nuestro Ser Superior.

El reino de las sombras

EL PERRO NEGRO
Vigila las entradas al mundo de los muertos y los muertos vivientes. El perro negro puede mostrarse como tal o como una deformidad con tres cabezas. A menudo aparece a medianoche en los cruces de caminos. Los ladridos de los perros a medianoche pueden anunciar la muerte de un miembro de la familia o de un amigo. Además, el perro negro anuncia fantasmas y muertos que aún no han encontrado la paz.

HOMBRE LOBO
Se trata de personas que, en ciertos momentos, y en especial en noches de luna llena, se convierten en lobos e hieren gravemente, o incluso matan a otras personas.

VAMPIROS

Los vampiros suelen aparecer en forma de murciélago, como sombras negras voladoras. Succionan a los humanos su energía vital y así pueden hacer que enfermen o incluso matarlos. La cruz, la luz (conciencia) y el ajo pueden ser utilizados para protegerse de los vampiros.

BRUJAS

Tradicionalmente se las representa como ancianas jorobadas y dotadas de magia. Están acompañadas por gatos negros o vuelan, subidas en escobas, anunciando suerte o desgracia, enfermedad, maldiciones, pruebas o revelaciones en el nuevo año.

ALMAS NO REDIMIDAS

Se muestran tal como murieron: con un cuchillo en el pecho, la cabeza cortada bajo el brazo, una soga alrededor del cuello. Vagan por ahí ensangrentadas, con rostros desgarrados por el dolor buscando la redención. Normalmente se encuentran a medianoche en lugares tenebrosos y encantadores como ruinas de castillos, cruces de caminos, cementerios, pantanos y lugares de ejecución.

ELEMENTALES

Los elementales son pensamientos y sentimientos creados por el hombre que vagan como vientos fríos, sombras, nubes oscuras o niebla para oscurecer el campo energético de la gente. En el sentido más estricto de la palabra, representan la forma personificada de nuestra conciencia.

EL HABRGEIß

El Habergeiß es un ser de la fecundidad en forma de pájaro; es, al mismo tiempo, un macho cabrío y una cabra. Prefiere rondar por cruces de caminos, a medianoche en las casas y acechando en los campos de avena. Asusta a los niños y anuncia la enfermedad, la muerte y el sufrimiento. Se ríe como un duende, bala como una cabra y canta como un sapo. Puede causar pesadillas.

EL ALB O DRUDENDRUCKER

El Alb o Drudendrucker se cuela en el dormitorio por la noche, se sienta en el pecho del durmiente y causa pesadillas.

LAS MUJERES DE LA NIEBLA Y LOS FUEGOS FATUOS

Las almas desterradas se muestran como bancos de niebla para descarriar a los vivos y arruinarlos.

EL EJÉRCITO SALVAJE

Los seres humanos solemos ver al ejército salvaje cuando nos dormimos o poco antes de despertarnos. Lisiados de forma extraña, seres jorobados, distorsionados, a veces incluso seres seductores se muestran solos o en grupo, son aterradores, infunden miedo o están atormentados y pidiendo algo que parece faltarles. A menudo son demonios que provocan enfermedades y que van de aquí para allá y ante los cuales uno no debe defenderse ni mostrar miedo. Lo mejor es dejarlos seguir, darles algunas monedas de cobre como símbolo de peaje y mostrarles el camino hacia la luz de Cristo. Quien les permita entrar o les tenga miedo, enfermará. Después de una aparición de este tipo, se debe sahumar en casa.

Buenos espíritus

ESPÍRITUS DE LAS CASAS

Los espíritus de los lugares y las casas están muy activos durante las noches de sahumerio. En el pasado, les ponían ofrendas de agradecimiento en el jardín o en el ático.

ESPÍRITUS DE LA FERTILIDAD
En forma de cabra o macho cabrío, los espíritus de la fertilidad vagan de aquí para allá con fuertes risas, bebiendo y celebrando para despertar las semillas, los granos y los jugos de la naturaleza.

EL HADA BEFANA
Vuela de casa en casa en busca del Niño Jesús, trae regalos, deambula por los hogares, recompensa y castiga. Hoy en día, Befana aparece a menudo como un hada buena que promete cumplir los deseos en el nuevo año.

GNOMOS Y ELFOS DE INVIERNO
Los pequeños ayudantes corretean por todas partes y transmiten a otros alegría y felicidad sin ser reconocidos. También entre nosotros, los seres humanos, su presencia en la época prenavideña es cada vez más fuerte: en silencio y en secreto damos a los demás un poco de alegría.

PAPÁ NOEL
Papá Noel viene de lejos para premiar a los niños con regalos. Viene del lejano Norte y viaja a lo largo del cielo en un trineo tirado por renos.

NIÑO JESÚS
El Niño Jesús es un ser de cabello rubio rizado y con aureola. Encarna la bendición y la gloria del recién nacido Niño Jesús y distribuye a los niños tanto regalos llenos de luz como regalos terrenales. La lista de deseos se le puede escribir a él y a Papá Noel.

ÁNGELES, ÁNGELES DE LA GUARDA Y ARCÁNGELES
En Navidad y después de la Navidad, los ángeles están especialmente cerca de nosotros para ayudar a la Tierra y a la gente en su

cambio, en su transformación. Es una buena época para contactar, para que en la vida personal también tenga lugar un vuelco hacia lo bueno.

MAESTROS Y MAESTRAS
Los maestros son seres de luz ascendidos que han ido por el camino terrenal antes que nosotros, y que nos guían y nos dirigen para que nosotros también podamos superar este camino. Las puertas de los «reinos inmortales» están ahora abiertas, para que nos guíen y nos den fuerza.

DIOSAS Y DEIDADES
En la antigüedad, los dioses y las diosas eran especialmente adorados en esta época del año y se les pedía apoyo. Las puertas hacia el cielo, con sus deidades y sus deidades de la naturaleza, también están abiertas ahora. A Odín, Freya, Apolo, Perchta, la Madre Nieve, la Gran Diosa, Morgaine y muchos otros seres de luz, que encarnan los diferentes aspectos del único poder, se los buscaba en los lugares sagrados durante este tiempo para pedirles consejo y ayuda.

CONSEJO KÁRMICO
El consejo kármico es un círculo de seres de luces que han ascendido y que vigilan la historia de la humanidad. Todo lo que hacemos está escrito en la luz. Nada se pierde. Podemos echar un vistazo a nuestro «libro del destino» y tener así la oportunidad de observar las cosas desde el lado espiritual, de entender los golpes del destino y de continuar escribiendo el guion de nuestra vida de una buena manera a través del conocimiento y la aceptación.

LO QUE SE DICE DE LAS NOCHES DE SAHUMERIO

Supersticiones y sabiduría popular

RECOGER
El desorden y la suciedad atraen a los salvajes, causan enfermedades y provocan sentimientos oscuros. Por lo tanto, antes de que empiecen las noches de sahumerio, conviene recoger a fondo.

TODAS LAS RUEDAS DEBERÍAN ESTAR PARADAS
En las noches de sahumerio el caos se mueve hacia un nuevo orden. Todas las ruedas deberían estar detenidas. Durante estos días ni se hilaba ni se lavaba ni se molía. Todas las ruedas, que normalmente giran, se detienen, porque en estos días solo gira la rueda del destino.

NO PONER ORDEN Y NO LAVAR
Entre Navidad y Año Nuevo no se debe lavar ni poner orden. Puede traer mala suerte y muerte. Pero es suficiente tener en cuenta esta regla al menos en los días festivos (Navidad y Año Nuevo). Es agradable no tener que lavar y recoger, sino simplemente disfrutar de los días festivos.

RAUNÄCHTL - LOS NIÑOS DE LAS NOCHES DE SAHUMERIO
Se dice que los niños que nacen un sábado o un domingo durante las noches de sahumerio poseen habilidades mágicas. Ven espíritus, pueden ver el futuro, traen suerte y pueden hacerse muy ricos.

PROHIBIDO JUGAR
Durante estas noches no está permitido jugar con cartas o por dinero. Muchas historias y leyendas se centraron en personas que hicieron caso omiso de la prohibición de jugar y, por tanto, tuvieron encuentros desagradables y terroríficos que casi los volvieron locos.

COSAS QUE SE CAEN
Si se caen guisantes, lentejas, judías o platos, significa mala suerte, pérdida y poca ayuda en el nuevo año. Esto se puede solventar el 28 de diciembre y el 5 de enero colocando a los seres de la naturaleza alimentos especiales y leche delante de la puerta.

NO CORTAR EL PELO NI LAS UÑAS
Trae mala suerte. Si lo haces, puedes esperar dolores de cabeza e infecciones de las uñas en el nuevo año.

LO PRESTADO DEBE VOLVER A SU LUGAR
Aquellos que tienen cosas prestadas deben devolverlas antes de las noches de sahumerio. Aquellos que han prestado cosas deben recuperarlas antes de las noches de sahumerio; de lo contrario, te espera una pérdida de energía y enfermedad para el nuevo año.

ANIMALES EXTRAÑOS
Se deben evitar los animales que no se ven tan con tanta frecuencia, pero que aparecen en estas noches, como ratas o ratones,

puesto que los demonios de la enfermedad o las fuerzas malévolas podrían ocultarse tras ellos.

EL TIEMPO EN LAS NOCHES DE SAHUMERIO
Mucho viento anuncia un año inestable. Mucha niebla representa cosas viejas que necesitan ser arregladas y anuncia un año húmedo. Un tiempo claro y despejado significa tiempo seco, caluroso y bueno.

PERROS LADRADORES
Si los perros ladran estas noches, es una confirmación de que los pensamientos son correctos. Si un perro ladra a medianoche, alguien morirá.

CERRAR LAS PUERTAS SIN HACER RUIDO
Quien dé un portazo tendrá que contar con rayos y discordia en la casa en el año nuevo.

LAS HIERBAS MEDICINALES TIENEN UN GRAN EFECTO
En estas noches, las hierbas medicinales tienen un efecto particularmente fuerte y deben emplearse con más frecuencia.

ATAR ESCOBAS
Se deben atar las escobas en las noches de sahumerio, porque pueden ser usadas para barrer demonios y espíritus malignos fuera de la casa.

LOS SUEÑOS SE CUMPLEN
Lo que se sueña en ese tiempo se hace realidad. Aquello que se sueña en la primera parte de la noche se cumplirá en la primera mitad del mes correspondiente del mes de Navidad; los sueños de la segunda parte de la noche se refieren a la segunda mitad del mes.

NO VENTILAR NI CAMAS NI ROPA AL AIRE LIBRE
Aquellos que airean la ropa de cama y la ropa al aire libre deben contar con enfermedades, ya que los salvajes que deambulan estas noches quedan atrapados en la ropa de cama.

BOTONES QUE FALTAN
Si faltan botones en una prenda de ropa y no se sustituyen a tiempo, esto indica una pérdida de dinero.

AÑO
Muchas flores de hielo en las ventanas, la escarcha o la nieve en los árboles indican un año productivo.

LA MUERTE EN LAS NOCHES DE SAHUMERIO
Si alguien muere durante este tiempo, habrá doce muertes más entre los más cercanos el año siguiente.

RITUALES EN LAS NOCHES DE SAHUMERIO

Sahumar en las noches de sahumerio

Sahúma el 21, 24, 31 de diciembre y el 5 de enero,
pide por la bendición de la casa
y por todos los que viven allí.
Echa a los espíritus y demonios.
Puede que ahumar valga la pena.

Se ahúma en un recipiente resistente al fuego. En el pasado, las brasas de la estufa se ponían en el recipiente; hoy en día se puede usar una pastilla de carbón. Luego, dependiendo del propósito, se añaden diferentes sustancias para sahumar las brasas. De dos en dos se va por todas las habitaciones de la casa, por todos los edificios adyacentes y el patio. Se reza y se recitan oraciones de bendición. Una persona lleva el recipiente de sahumar y la otra porta el agua bendecida, rocía y reparte.

Por último, sahumamos a todos los familiares, a todas las personas y animales de la casa.

Sustancias para Sahumar en las noches de sahumerio

No olvides
limpiar de demonios de la habitación donde está el enfermo.
Sahúma con salvia y enebro
y desaparecerán haciendo ruido.
Se curará,
ya lo verás.

Aquí algunas sustancias habituales para sahumar:
La **salvia** tiene un fuerte y sutil poder de limpieza.
El **alcanfor** borra información antigua de la casa.
La **raíz de angélica** ilumina la vibración de la habitación.
El **incienso** porta bendiciones y aumenta la energía.
El **enebro** expulsa todas las influencias negativas,
los espíritus que traen enfermedades y los demonios.
La **mirra** desinfecta, depura y limpia las habitaciones, proporciona paz.
El **mirto** conlleva pureza y claridad, porta paz.
El **tomillo** limpia y refuerza la energía de las habitaciones.
El **benjuí** da calidez y seguridad, se abre al amor.

También puedes utilizar una mezcla de tu elección para sahumar. Escucha a tu corazón.

CONSEJO:

Después de sahumar, rocía con un aroma agradable o simplemente con agua de manantial. El agua sujeta el humo y depura la atmósfera de forma más rápida.

Que todo lo oscuro, todo lo que ya no nos sirve
desaparezca de las habitaciones ahora.
Invitamos al amor y a la luz de la bendición.
Que la habitación resplandezca con un brillo nuevo, fresco
  y brillante
y nos porte paz, tranquilidad y fuerza.
Gracias.

La santificación y bendición

Una bendición tiene como objetivo atraer cosas positivas y buenas para el lugar y para la gente, así como invitar a la felicidad.

La bendición ahora vive en nuestra casa,
y todo lo que no es amor lo expulsamos.

Para prepararse para la bendición de la casa, vístete de manera festiva e invita a todos los habitantes de la casa. Rocía con agua de manantial o agua bendecida cada rincón de tu hogar y en el centro de la habitación, y bendícela, por ejemplo, pronunciando las siguientes palabras: «Que nuestro salón sea bendecido y sea un lugar de encuentro amoroso para gente querida. Que ahora se llene de amor, paz y fuerza». De esta manera puedes ir por todas las habitaciones y, dependiendo del uso del espacio, anclar fuerzas positivas.

Comidas para ofrendas en las noches de sahumerio

Os honro y bendigo, seres de la naturaleza.
Gracias por vuestro trabajo.
Con gusto comparto el pan y el agua con vosotros,
de la misma manera que vosotros me ofrecéis vuestros regalos cada año.

En tiempos pasados era costumbre poner ofrendas en la puerta a la Madre Nieve, a los espíritus ancestrales, a los espíritus de la casa y a Odín, para así honrarlos y recibir su bendición. Restos de la cena de Yule, de la cena de Navidad y de la celebración de Nochevieja se colocan en las noches de sahumerio junto a las raíces de árboles frutales. Por lo general, se dejaba pan, guisantes, judías, sémola, pan de especias, tartas, pastas, semillas de amapola, cereales, leche, tabaco y aguardiente. Para los ancestros se pueden encender varillas de incienso/sahumerio y una luz en un farolillo, que se coloca en el exterior de forma segura durante la noche.

Ejemplos de técnicas para hacer oráculos

Una noche, a una mujer que estaba pensando en su novio se le cayó un vaso y se rompió. Se asustó mucho porque pensaba que la relación se iba a romper. Aprovechó el día de los Santos Inocentes (28 de diciembre, que conmemora a los niños de Jerusalén asesinados por Herodes) y se imaginaba que se iban a separar en paz y sin dolor. Al año siguiente la relación se rompió de verdad. Pero no fue ni malo ni doloroso, porque la mujer ya había conocido a alguien con quien se llevaba muy bien, y que, después de algún tiempo, resultó ser «el hombre de su vida».

Un hombre soñó con un palo roto una noche de sahumerio. Le entró mucho miedo porque esto significaba que podía tener dificultades. La noche siguiente pidió ayuda al mundo espiritual, al mundo de los ángeles. En un sueño se le apareció un ángel que sacó el palo del suelo y lo transformó en una llave de luz. El hombre tuvo así la posibilidad de convertir todas sus situaciones en algo mejor. En el año nuevo efectivamente surgieron dificultades y muchas cosas se le vinieron encima, pero encontró el camino correcto en todas las situaciones y salió fortalecido. Había utilizado las situaciones negativas para dejar atrás lo viejo y mejorar su vida.

Otros dos ejemplos de técnicas para hacer oráculos

Hay muchos oráculos que tienen como objetivo mostrar a la futura pareja. Se dice que se puede ver a la futura pareja en las noches de sahumerio, especialmente en la Nochebuena y en la noche de Reyes. Por ejemplo, se puede caminar hacia atrás por la habitación e imaginarse quién se va sentar en la mesa del salón. Ésa será su futura pareja.

El que buscaba una novia para el año nuevo contaba los postes de la cerca. Primero se piensa en un número y luego se comienza a contar los postes de la cerca a la derecha de la puerta. El poste con el número correspondiente que se había pensado dice algo sobre el futuro amor: joven, viejo, alegre, apagado, fresco…

El cruce de caminos a medianoche

Los cruces de caminos son lugares mágicos. En las noches de sahumerio se puede ir en busca de un cruce de caminos y estar atento a las señales que aparecen. Si se encuentra con una caza salvaje, es aconsejable abandonar el lugar en silencio y caminar hacia atrás para no llamar la atención.

Las personas solteras tienen la oportunidad de ver a su futura pareja a medianoche en un lugar mágico o en un cruce de caminos. Aparece una figura y pasa sin hacer ruido. A la figura no se la debe mirar ni hablar con ella; de lo contrario, será castigado con la muerte.

El oráculo de los animales

Dicen que en las noches de sahumerio se puede oír a los animales hablar. Revelan lo que va a suceder. Los animales como los pájaros, por ejemplo, viajan mucho. Los perros saben con mucha antelación lo que va a ocurrir y los caballos pueden ver el futuro. Hay muchas historias de personas a las que, por medio de animales, se les ha explicado lo que les iba a pasar el siguiente año.

Una mujer sabía que podía escuchar hablar a los animales las noches de sahumerio. Abrió la ventana y se acostó. A medianoche escuchó ruido de pisadas y luego dos cuervos hablando de una muerte próxima y preguntándose en qué cementerio sería enterrado el difunto. En ese momento la mujer vio una luz brillante que se elevaba. Dos días después su padre fue encontrado muerto en su cama.

Otra historia cuenta que dos jornaleros, después de un día duro en la mina, se dirigieron a casa a medianoche. Hacía mucho frío y soplaba un viento helado. Aunque caminaban juntos, era como si un abismo se abriera entre ellos. Como estaban aturdidos por el alcohol, no sabían si se lo estaban imaginando o si lo que veían correspondía a la realidad. Uno de ellos vio a un perro negro con tres cabezas y el retrato de su madre. Él quería alcanzarla, pero ella le dio la espalda y desapareció en la niebla. El otro se encontró rodeado de criaturas salvajes que lo asaltaron y le dieron una paliza. Le succionaron la sangre y le quitaron su energía. Con sus últimas fuerzas, completamente sin aliento, lograron ponerse a salvo en casa.

Todavía podían oír a los seres salvajes traqueteando en las persianas antes de que ellos mismos se acostaran exhaustos y agitados. Al día siguiente enfermó el jornalero que había sido rodeado por la caza salvaje. Estuvo en cama con fiebre y desvanecido. Nadie sabía cómo ayudarlo.

La noche del 27 al 28 de diciembre se le apareció un niño de luz en un sueño febril e inquieto. Le tocó la frente y la luz del niño fluyó hacia él. Cuando se despertó por la mañana se encontraba mucho mejor. La madre del otro jornalero murió al año siguiente. El ladrido de los perros anunció la hora de su muerte por la noche.

Las noches de sahumerio tienes que prestar atención a los animales con los que te cruzas y has de escuchar lo que te tienen que decir. Si escuchas con atención, puedes entender con el corazón el mensaje de las imágenes que te envían. Lo mejor es anotarlo de inmediato.

PASO A PASO POR LAS NOCHES DE SAHUMERIO

Las noches de sahumerio son noches de premonición. La palabra *Los* se asocia con echar a suertes, predecir, lo que deja claro que las noches de sahumerio son especialmente adecuadas para hacer previsiones para el próximo año. En las siguientes páginas se pretende guiar por las noches de sahumerio con sus cualidades especiales correspondientes. Para todas las noches de sahumerio es válido lo siguiente:

- ¡Escribe, por favor, un diario!
- ¡Anota tus sueños o el sentimiento que recuerdas por la mañana cuando te despiertes!
- ¡Saca cada mañana una carta de tu oráculo favorito!
- ¡Enciende por la noche una vela y deja que transcurra el día!

Preguntas que te puedes hacer:
- ¿Cómo ha sido el tiempo?
- ¿Cómo era el ambiente?
- ¿Con quién me he encontrado?
- ¿Quién ha llamado por teléfono?

- ¿Qué cartas han llegado?
- ¿Qué me ha ocurrido este día?
- ¿Qué me ha llamado especialmente la atención?
- ¿Con qué señales, animales o mensajes me he cruzado?

¡Presta atención a todo lo que te llama la atención, incluidos los detalles!

Cualidades cósmicas de los días

Lunes - día de la Luna: intuición, crecimiento
Martes - día de Marte: capacidad de imponerse
Miércoles - día de Mercurio: comunicación
Jueves - día de Júpiter: visión
Viernes - día de Venus: amor, compasión, perdón
Sábado - día de Saturno: calma, orden
Domingo - día del Sol: consciencia, conocimiento

Rayos de sol en las noches de Navidad

PRIMER DÍA DE PREMONICIÓN (25/12): suerte en el año nuevo
SEGUNDO DÍA DE PREMONICIÓN (26/12): aumento de los precios
TERCER DÍA DE PREMONICIÓN (27/12): discusiones
CUARTO DÍA DE PREMONICIÓN (28/12): sueños febriles
QUINTO DÍA DE PREMONICIÓN (29/12): buena cosecha
SEXTO DÍA DE PREMONICIÓN (30/12): éxito
SÉPTIMO DÍA DE PREMONICIÓN (31/12): los pastos llevan hierbas sabrosas
OCTAVO DÍA DE PREMONICIÓN (1/1): hay peces y pájaros en abundancia

NOVENO DÍA DE PREMONICIÓN (2/2): buenos negocios
DÉCIMO DÍA DE PREMONICIÓN (3/2): temporal
UNDÉCIMO DÍA DE PREMONICIÓN (4/2): días de niebla y viejos asuntos
DUODÉCIMO DÍA DE PREMONICIÓN (5/2): discordia

Fases de la luna

Luna menguante – eliminatoria
Luna llena – fortalecedora
Luna creciente – acogedora
Luna nueva – debilitante

Forma de contar para predecir

Una noche de sahumerio siempre se cuenta desde la medianoche hasta la medianoche, es decir, de 0 a 24 horas. Hay dos maneras de predecir el año nuevo. En la primera, dos horas de una noche de sahumerio corresponden a un mes del año siguiente. (La segunda manera de predecir previa se describe en la parte práctica, donde una noche de sahumerio corresponde a un mes del nuevo año).

0:00-2:00 h para enero
2:00-4:00 h para febrero
4:00-6:00 h para marzo
6:00-8:00 h para abril
8:00-10:00 h para mayo
10:00-12:00 h para junio
12:00-14:00 h para julio
14:00-16:00 h para agosto
16:00-18:00 h para septiembre
18:00-20:00 h para octubre
20:00-22:00 h para noviembre
22:00-24:00 h para diciembre

Prepararse para las noches de sahumeiro

- Devolver todas las cosas prestadas.
- Saldar las deudas.
- Pagar las facturas.
- Aclarar viejos asuntos.
- Hacer balance: ¿quién me ha apoyado este año y a quién le quiero dar las gracias de corazón?
- Dar las gracias a las personas que nos han acompañado a lo largo del año obsequiándolas con un pequeño detalle (regalo, tarjeta).
- Recoger y limpiar.
- Conseguir los utensilios para sahumar.
- Adecuar un lugar bonito junto a las raíces de un árbol para honrar a la naturaleza con alimentos.
- Sacar al exterior comida para pájaros y animales.
- Cerrar el viejo año (cierre de año, balance de año).

Las siguientes páginas son una guía a través de las cualidades de las noches de sahumerio. Éstas son sólo sugerencias e ideas. Cada uno es libre de organizar las noches de sahumerio como quiera y de elegir un momento para el comienzo de la previsión.

Vive las noches de Navidad con vigilancia, cuidado y atención.
Guardan todo el año que viene.
Tú mismo eres responsable
de la forma en que quieres poner rumbo a tu vida.
Cada uno es dueño de su propia suerte,
durante este tiempo cada uno puede forjar su propia suerte.

21 DE DICIEMBRE

Noche de Yule/de santo Tomás/solsticio de invierno

Caminemos en la profundidad de la noche,
venid, visiones, despertad.
Sueños nacidos de nuestro propio poder,
tejemos el mundo esta noche.
(Canción que se canta en las cabañas de sudor)

La noche del 21 de diciembre es la noche más larga del año. En la profundidad de esta noche nace la nueva luz.

Los rituales pueden ser...

- Sahumar todas las habitaciones, personas y animales.
- Limpiar los campos energéticos con el humo y la rama de un avellano.
- Anotar de lo que se quiere librar uno todavía en el viejo año.
- Desprenderse de viejas energías y meterlas en una olla.
- Practicar un viaje chamánico respecto al tema «noches de sahumerio».
- Meditar o reflexionar en la oscuridad.

- Encender una luz por la noche, que simboliza el renacer de la luz en la naturaleza.
- Consagración, bendición con agua de manantial o bendecida.
- Compartir pan y agua con todos, incluso con la naturaleza.
- Practicar diversos rituales de luz, cantar y bailar.
- Practicar rituales que eleven la energía.
- Pedir a los ángeles bendición.
- Sacar una rima del año, una tarjeta o un lema.
- Repartir a todas las personas presentes y ocultas (seres naturales, ángeles, etc.) pequeños regalos de luz simbólicos llenos de buenos deseos y bendición.
- Decorar (con buenos deseos) el árbol de Navidad.
- Escribir una lista de deseos para el nuevo año.

Temas del día

- Limpiarse/desprenderse de lo viejo.
- Hacer oráculos.
- Aclarar procesos interiores.
- Recibir, abrirse al silencio, a la oscuridad y al espacio infinito.
- Abrirse a lo invisible, a lo espiritual, recibir el nuevo impulso de la luz e introducirlo en el corazón.
- Bendición, consagración, asombro, pasión, reorientación.
- Recibir deseos de bendición del mundo espiritual y transmitirlos al prójimo con palabras cariñosas, gestos y regalos simbólicos.

Preguntas

- ¿De qué quiero limpiar mi campo energético?

- ¿Cómo me puedo abrir a recibir lo nuevo, a llenar el cáliz interior con la fuerza nueva?
- ¿Qué conocimientos he adquirido en los últimos tiempos? ¿Qué quiero llevar nuevo al mundo?
- ¿Qué calidad viene anunciándose?

24 DE DICIEMBRE

Noche de bendición/ Nochebuena

Toma la redención y la victoria de la luz
sobre la oscuridad.
Eres bendecido y amado.
El niño de la luz radiante en el pesebre
te conecta con el
divino y radiante niño de la luz dentro de ti.

Hoy es un buen momento para prepararse ante la llegada de la nueva luz limpiando la casa, sahumando, en caso necesario, y decorando todo para la fiesta.

Se prepara la comida, también para los animales y los seres de la naturaleza. Por la noche se puede ir a misa o celebrar una pequeña ceremonia de agradecimiento echando la vista atrás al año viejo y reflexionando.

Es importante que nos tomemos un tiempo para mirar hacia atrás de vez en cuando. Da las gracias por los buenos regalos, siente las bendiciones en tu vida y celebra lo que fue bueno y bonito el año pasado.

Preguntas

- ¿Qué fue bonito este año?
- ¿Qué ha pasado este año que tengas que agradecer?
- ¿Qué vivencias fueron especialmente drásticas?
- ¿Qué he experimentado y aprendido?
- ¿Cuáles han sido los regalos este año?
- ¿Quién ha estado a mi lado y me ha guiado este año?
- ¿Qué ha cambiado?
- ¿Cuál era el lema este año?
- ¿Qué he logrado terminar?
- ¿Qué he hecho especialmente bien?
- ¿Qué es lo que está aún abierto?
- ¿Qué dejo atrás, qué me llevo?

El comienzo real de las noches de sahumerio es esta noche a las 24 horas.

Si no invitamos a nada sagrado,
no podemos experimentar nada sagrado.

Para ayudarte a prepararte mejor para los días de reflexión que se avecinan, te invito ahora a una pequeña meditación.

Pequeña meditación de Navidad

Entra en el silencio y toma la luz eterna que vuelve en ti. Siente la radiante, dorada y eterna luz de bendición en tu corazón. La victoria ya está ganada, incluso si todavía quedan algunos desafíos por delante. Bendice el año nuevo con esta luz dorada y radiante de Cristo. Deja que la luz fluya en todos los obstáculos que parecen impedir que sigas tu camino. Mira cómo los obstáculos se disuelven. A vista de pájaro son sólo pequeñas piedras en el camino que puedes superar fácilmente. Tal vez incluso puedas sentir cómo tu camino dorado en la Tierra es muy divertido y alegre.

Mira cómo bendice esta luz sanadora que fluye en ti y en todo lo que tienes en ti que grita por sanar. Envía la bendición a todos a los que amas y a todo lo que está conectado contigo en el amor.

Ahora recibe la bendición espiritual. Pon tus manos en forma de cuenco y observa qué regalo espiritual recibes de los mundos de la luz. Lleva estos regalos de luz con profunda gratitud a tu corazón. Son las bendiciones para el año que tienes por delante. Los regalos pueden venir en forma de imágenes, palabras, pensamientos, sentimientos, colores o algo semejante. ¡Anótalo!

PRIMERA NOCHE DE SAHUMERIO
24/25 de diciembre

25 de diciembre
Primer día festivo de Navidad
Onomástica: Anastasia
Mes: enero
Tema: base-fundamento

El nombre de Anastasia significa «la resucitada».
Sube de la oscuridad a la luz.

El 25 de diciembre es un día festivo que se suele pasar en familia y en el que nos ofrecemos regalos para hacernos felices unos a otros. El día sirve para fortalecer tus propias raíces. Es una celebración de la familia y la unidad.

- Observa tu base.
- Mira hacia tus raíces terrenales, tu familia.
- ¿Sobre qué fundamento te hallas?
- ¿Qué quieres sanar?
- Bendice y honra tus raíces.
- Evalúa lo que necesitas para encontrar la sanación.

Bienestar significa «estar bien».

Enciende una luz para los que amas y bendícelos con tu corazón. Mira con qué regalos te han obsequiado en Navidad y qué regalos has hecho tú a los demás. Esto tiene un significado simbólico y puede ser interpretado como una señal para el año que viene.

Un pequeño ejercicio: un regalo para la naturaleza

Hazle también un regalo a la naturaleza. Puede ser comida para los pájaros, agua, leche, palitos de sahumar/incienso, pan o algo similar.

Coloca el regalo con buenos deseos en tu corazón junto a las raíces de un árbol. Deja encendida una luz nocturna para los ancestros que estuvieron allí antes que tú y allanaron tu camino.

El diario de las noches de sahumerio

Este día representa el mes de enero. Empieza a escribir hoy tu diario de las noches de sahumerio y a observar todos los hechos que te rodean.[1]

Sueños

Presta más atención a tus sueños. Todo lo que experimentamos en el mundo material es creado en el mundo de los pensamientos, sentimientos y energía. Todo se sueña antes de hacerse realidad. Lleva las preguntas que tienes al sueño. Invita al mundo de la luz antes de que te duermas. Recibirás una respuesta, aunque pueda tardar hasta tres noches y tres días. La noche es el origen del ser. Ahora préstale tú atención. Anota lo que percibes.

---

1. Sugerencia bibliográfica: Jeanne Ruland, *Mein Rauhnacht-Tagebuch*. Schirner Velag, 2018.

SEGUNDA NOCHE DE SAHUMERIO
25/26 de diciembre

26 de diciembre

Segundo día festivo de Navidad

Onomástica: Esteban

Mes: febrero

Tema: el yo superior-guía interna

La conexión con el hogar espiritual significa volver a casa. La fuente está dentro de ti.

Este día festivo está dedicado a conectar con tu propia naturaleza superior. Así que hoy es el momento de conectarse con tu ser superior. Tienes tu propia conexión con la fuente. Estás protegido por ángeles y otras fuerzas luminosas que te llevan y acompañan.

Trata de conectarte hoy conscientemente con la fuente de tu interior durante cierto tiempo y visita tu hogar espiritual. Sabrás lo que será importante para ti en el futuro, qué poderes y líderes espirituales te acompañarán. Medita y escucha tu voz interior. Hay muchas maneras de conectarse con el mundo espiritual, como la astrología, los oráculos, los viajes interiores, las meditaciones o los ejercicios de silencio.

Preguntas

- ¿Qué me acompaña en el nuevo año?
- ¿Qué maestros/as están dentro de mí?
- ¿Qué arcángeles/ángeles están a mi lado?

- ¿Qué símbolo es importante en el nuevo año?
- ¿Qué animal me acompaña?
- ¿Qué árbol me da fuerzas?
- ¿Qué planta medicinal está dentro de mí?
- ¿Qué mineral/piedra preciosa me hará bien en el nuevo año?
- ¿Qué elemento es determinante?
- ¿Qué hay aún que solucionar o liberar?
- ¿Cuáles son mis objetivos en el nuevo año?
- ¿Con qué personas quiero tener contacto?

Prepárate un rincón o un lugar especial en tu casa con estos poderes, confecciona una bolsa de medicinas para el año nuevo y pinta o pega cuadros de los poderes que vienen contigo en tu calendario. O haz un *collage* que puedas colgar sobre tu escritorio para recordarte siempre que estás protegido y bendecido.

Pequeño ejercicio: fortalecimiento de tu voz interior

¿Qué es lo que buscas como respuesta? ¿Qué preguntas están ardiendo en tu alma? Tómate un tiempo. Concéntrate en tu naturaleza espiritual, la conexión con tu ser superior. Pide que puedas percibir tu voz interior cada vez más claramente. Ahora haz tu pregunta. Guarda silencio y escucha tu interior durante al menos cinco minutos. Anota lo que percibas. La voz interior es, sin excepción, amorosa y te ayudará a encontrar la mejor manera para ti y tus seres queridos.

TERCERA NOCHE DE SAHUMERIO
26/27 de diciembre

27 de diciembre

Onomástica: Juan

Mes: Marzo

Tema: permite que ocurran milagros en tu corazón- apertura del corazón

El nombre de Juan significa «misericordia» o «Dios ha mostrado misericordia». La misericordia es la expresión de un amor incondicional.

Los días festivos han terminado y de nuevo proseguimos con nuestras actividades. Este día corresponde a marzo, el mes en el que la naturaleza se prepara para abrirse paso y se renueva. Juan, como el confidente y amigo más cercano de Jesús, representa el amor, el cuidado y la compañía que cada uno experimenta de una manera u otra en su camino. Este día, uno puede dedicarse a la energía del corazón.

Preguntas

- ¿Quién estaba a mi lado cuando no me sentía bien?
- ¿Quién me ha acompañado en los buenos y malos momentos de mi vida?
- ¿Quién me ha acompañado este año y me ha aportado inspiración, amor, alegría y suerte?

- ¿A quién le he tendido la mano, le he regalado mi amor y mi amistad?
- ¿Quién o qué cosa me ha consumido energía?
- ¿Qué está dentro del equilibrio y qué no?
- ¿Qué amistad quiero fortalecer y de cuál alejarme un poco porque han podido cambiar los caminos?

Abre tu corazón una y otra vez. Es tu mayor bien. Aclara viejos asuntos perdonándolos y liberándolos. Ábrete a experiencias completamente nuevas de amistad, confianza y amor. Respira la luz en tu corazón e imagina cómo se expande como una rosa y se abre, y el amor incondicional fluye hacia ti. El amor comienza con el amor por nuestro verdadero ser. Tan pronto como pensamos mal de nosotros mismos, nuestro verdadero ser se retira y causa dolor. Si reconocemos la luz en nuestro interior, ésta comienza a brillar y a resplandecer desde nuestro corazón. Podemos crear una nueva visión de amor y unión, y experimentar milagros en la vida cuando permitimos el amor en nosotros y, por tanto, el amor por los demás.

Pequeño ejercicio: lista de deseos espirituales

Hoy es el día en que se pueden formular los deseos y metas para el nuevo año. Los deseos y las profundas pasiones interiores indican el propósito de nuestra vida. Lo divino es amor y alegría, y todo lo que despierta el amor y la alegría en nosotros y enciende el fuego interior es una señal.

No se trata de perseguir cosas externas y transitorias, sino de reconocer conscientemente el significado de la propia vida y de desplegar el plan que uno ha traído a este mundo para su vida. Se trata de escuchar profundamente en su corazón y de sentir los deseos y las metas que realmente habitan en el corazón y que se elevan desde el alma.

- ¿Qué es lo que más me gusta hacer?
- ¿Qué es lo que hace que se encienda mi corazón?
- ¿Con qué me siento realizada y con una alegría profunda?

Tómate tu tiempo para realizar un *collage* de deseos-metas para el nuevo año. Enciende para cada deseo una luz y dáselo al universo.

CUARTA NOCHE DE SAHUMERIO
27/28 de diciembre

28 de diciembre

Día de los santos inocentes

Mes: abril

Tema: solución

Fuego violeta, arde, arde, arde,
en, a través y alrededor de cada electrón,
transforma cualquier vibración disarmónica en luz,
hasta que corresponda al plano divino.

Las Sagradas Escrituras nos dicen que el rey Herodes ordenó asesinar a todos los niños del país porque veía en el Hijo recién nacido de Dios un rival y quería matarlo. Muchos niños inocentes tuvieron que morir esos días. Este evento simboliza hoy en día lo viejo que se trata de ocultar o, incluso, destruir lo nuevo. El día de los Santos Inocentes es costumbre aclarar las cosas que en las anteriores noches de sahumerio no fueron tan bien y así hacer que el destino tenga un rumbo más positivo.

Anota todas las cosas negativas de los últimos tres días, como pesadillas, discusiones, mal tiempo o malas noticias. Luego formula todo lo negativo en positivo en una hoja nueva para que puedas estar completamente satisfecho con este perfecto «guion» para el nuevo año. Quema finalmente la primera lista negativa.

Transformación de acontecimientos negativos

He aquí un pequeño ejercicio para disolver de forma enérgica las escenas desagradables de los últimos tres días:

Recuerda los eventos negativos lo mejor que puedas. Imagina la llama violeta de Purificación empezando a arder y brillar alrededor de estos eventos. Observa con tu mirada espiritual cómo se disuelven estos eventos desagradables y se transforman en imágenes positivas, alegres y radiantes. Siente tan intensamente como sea posible la alegría y la gratitud por la transformación que ha ocurrido. Mantén la visión de las nuevas imágenes, báñalas con luz blanca cristalina. Imagina la bendición que fluye desde arriba y bendice la nueva visión. Ahora suelta y ten por seguro que ha tenido lugar la misericordia.

Tal vez haya un santo o una santa que te guste mucho y que te acompaña desde hace mucho tiempo; también puede ser tu santo patrón. Pon hoy una luz a este santo, para reforzar aún más el vínculo con él o ella y así hacer brillar la parte divina que hay dentro de ti. En la meditación puedes entrar en contacto con tu santo y ver qué te aconseja o qué mensaje tiene para ti. Tal vez aparezca también otro santo para guiarte a través del año nuevo.

QUINTA NOCHE DE SAHUMERIO
28/29 de diciembre

29 de diciembre

Onomástica: Tomás

Mes: mayo

Tema: amistad

Toda verdadera amistad guarda un dulce secreto de profunda y silenciosa conexión.

Hoy es el día para tratar el tema de la amistad. Tomás significa «gemelo», así que se trata del gemelo del alma. ¿Eres tu mejor amigo, tu mejor amiga?

Primero perdónate y sé bueno contigo mismo. Ahora tómate un poco de tiempo para mirar y honrar las amistades que has hecho a lo largo de tu vida. Tal vez haya amistades profundas que se hayan roto. Comprueba qué necesitas para encontrar en el alma una solución, sanación y paz. Limpia el campo interior para que nuevas amistades y profundas y nuevas experiencias de amor sean posibles en el año nuevo.

¿Dónde no te has perdonado? Echa la vista atrás para observar el año y reconoce tus logros, victorias, contribuciones, fracasos, altibajos y lo que has hecho bien y correctamente. Date la razón. Intenta, durante al menos cinco minutos, observarte en una luz positiva y buena. El amor por ti mismo desencadena el amor por los demás.

El mandamiento del amor al prójimo dice:
«Ama al prójimo como a ti mismo».

Un pequeño ejercicio de limpieza

Imagínate el ocho horizontal. Dos rayos de Sol de la fuente tocan un círculo cada uno. Tú estás de pie en un círculo, y tu amigo o amiga en el otro. Ahora toma conciencia de todas las conexiones que se han formado a lo largo del tiempo. La conexión del corazón siempre está ahí. Eres sagrado. Ahora pídele al arcángel Miguel o a cualquier otro ángel que elimine suavemente las malas conexiones entre tú y tu contrario. Dale al contrario un regalo a nivel espiritual y observa qué regalo recibes de él de su luz más elevada.

Agradece el amor y la conexión que aún existe.

Cuando todo se resuelva y se aclare, imagínate cómo se parte el ocho por la mitad. Se crean dos círculos, cada uno con su propia conexión con la fuente. Los círculos empiezan a vibrar y encuentran una distancia buena y saludable entre sí, lo que incluye la estima y el respeto. Parece ligero y cómodo. Ten en cuenta que todo llegará a un final feliz.

Hazles saber a tus amigos que los aprecias y los respetas. Se puede hacer por medio de una carta, una llamada telefónica o un gesto amable.

SEXTA NOCHE DE SAHUMERIO
29/30 de diciembre

30 de diciembre

Fiesta de la sagrada familia

Mes: junio

Tema: limpieza

Suelta, mira con confianza hacia delante.
Espera lo mejor.

- Observa lo que quieres dejar atrás del viejo año.
- Tómate tiempo y refleja el viejo año.
- Prepara el paso hacia el nuevo año.

Hoy es un buen día para estar en contacto con la familia. Pídele al ángel de tu madre que venga a ti. Pon tus manos en forma de cuenco y que te den un regalo. ¿Qué quiere regalarte tu madre desde su nivel más alto? Coge este regalo con gratitud.

Pídele al ángel de tu padre que venga a ti. Vuelve a poner las manos en forma de cuenco para que te ofrezca un regalo. ¿Qué quiere regalarte tu padre desde su nivel más alto? Coge este regalo también con gratitud.

Ahora pídele al ángel de tu pareja que venga a ti. ¿Qué quiere darte tu pareja? Coge también este regalo con gratitud. Dirígete a tu pareja y pídele a tu ángel que le dé un regalo a tu pareja a nivel espiritual. Piensa en lo que te gustaría ofrecerle a tu pareja.

Si tienes hijos, mira lo que el ángel te da a ti y a tus hijos, y mándales a nivel espiritual lo que les quieras enviar. Da las gracias y asegúrate de que todo esté hecho.

Bendice a tu familia y vete por tu propio camino en paz y en concordancia con tu alma.

Pequeño viaje de meditación

Ve a un lugar protegido dentro de ti. Reúnete con el espíritu del año viejo y deja que te muestre lo que no ha ido tan bien y lo que realmente quieres dejar atrás del año viejo. Deja que todo lo que necesite ser sanado y que quiera ser liberado venga a ti.

¿Qué más hay que perdonar? ¿Qué más necesita una bendición o finalización? ¿Qué se ha terminado? ¿Qué es lo que ya no quieres llevar contigo de ninguna manera? ¿Qué has aprendido de los acontecimientos? ¿Para qué ha servido?

Siente la gratitud por los desafíos de la vida. Pídeles a tus ángeles y guardianes que te den apoyo para poder soltar ciertos asuntos y hacer espacio para algo nuevo.

SÉPTIMA NOCHE DE SAHUMERIO
30/31 de diciembre

31 de diciembre

Onomástica: Silvestre

Mes: julio

Tema: prepararse para lo venidero

Puerta: paso de un tiempo que ya ha transcurrido a un tiempo que va empezar de nuevo. ¡Buen comienzo de año!

Desde la introducción del calendario gregoriano en 1582, el 31 de diciembre es el último día del año. Este día está dedicado al obispo romano Silvestre (314-335) para conmemorar el día de su muerte. Silvestre acompañó la transición de una fase en la que los cristianos fueron perseguidos a una nueva fase en la que el cristianismo fue declarado la religión del estado bajo el emperador Constantino.

Cada transición abre nuevas oportunidades para cambiar las cosas, para remodelarlas, para diseñarlas de manera diferente. Prepárate para esta noche tomando un baño para limpiarte lo viejo y poder dejarlo atrás. Sueña con tu visión del año nuevo.

Costumbres y tradiciones alrededor de nochevieja

- Se debe pasar la noche con los seres queridos. Esto debe tomarse de manera bastante literal, ya que el círculo protege a la gente.

- Hay que tener buenos propósitos para el nuevo año y ver lo que se ha cumplido en el año viejo y lo que no.
- Esta noche representa la expulsión de los espíritus malignos y del espíritu del año viejo. Es una costumbre en regiones que se sahúmen con incienso los salones y los espacios de trabajo, los establos y el patio para expulsar demonios. Quien haga esto sólo el día de Año Nuevo podría perder la nueva suerte.
- Usar ropa interior roja augura horas felices de amor en el nuevo año.
- Se debe comer todo lo del plato y dejarlo limpio, porque se dice que esto trae abundancia de dinero en el nuevo año.
- Debe sobrar algo de la cena de Nochevieja para el día de Año Nuevo, porque esto quiere decir que se va a tener suficiente para comer en el año nuevo.
- Platos típicos de Nochevieja: *chucrut*, guisantes y sopa de guisantes representan la riqueza y la prosperidad. La carne de cerdo significa suerte; el pescado, en cambio, significa progreso. Las aves de corral significan que la suerte se irá volando.
- Es conveniente compartir algo de comida con los seres de la naturaleza. Se lleva un plato de comida pequeño fuera y se coloca junto a las raíces de un árbol frutal para que la plenitud pueda pasar al nuevo año.
- A medianoche, solía haber procesiones ruidosas para ahuyentar lo viejo. Hoy en día hay grandes fuegos artificiales en Nochevieja en todo el mundo, que expresan la alegría del comienzo del nuevo año. Se cuenta hacia atrás, se descorcha el champán, se brinda por el año nuevo y se desea mutuamente todo lo mejor y muchas bendiciones para el año nuevo.
- A menudo se consulta los oráculos en Nochevieja. Todos juntos leen las cartas o funden cera y se ayudan mutuamente a interpretar las figuras fundidas.
- Los sueños en Nochevieja se hacen realidad.

OCTAVA NOCHE DE SAHUMERIO
31 de diciembre/1 de enero

1 de enero

Día de año nuevo

Mes: agosto

Tema: nacimiento del nuevo año

Mucha suerte y bendición en todos tus pasos.
Igual en que empiece el Año Nuevo, así será todo el año.

En el año 1852, el 1 de enero se consideró el primer día del año. El día de Año Nuevo era el día de los necios, los sacerdotes y los ciudadanos. La gente se disfrazaba y hacía travesuras. Esta costumbre se trasladó más tarde a febrero o a carnaval. Hoy en día quedamos con los amigos el día de Año Nuevo, nos deseamos suerte, regalamos figuritas de la buena suerte como un cerdito, un trébol de la suerte, monedas de la suerte o escarabajos de la suerte. Así que envía hoy con todo tu corazón a todos tus seres queridos buenos deseos y felicitaciones.

Puedes bendecir el año nuevo colocando flores o luces junto a los árboles o bien poniéndolas en agua. También puedes hacer a alguien especialmente feliz regalándole un collar bendecido de flores o conchas.

Costumbre de Año Nuevo

- En algunas regiones, el día de Año Nuevo se sahúma todo con incienso que ha sido bendecido.

- La ropa no debe tenderse para que se seque porque puede traer mala suerte en el trabajo y en el hogar.
- Si comes bien en el cambio del año, no vas a pasar hambre durante todo el año.
- Los platos típicos de Año Nuevo son la sopa de lentejas o el *chucrut* con salchichas. Se debe comer todo para que la calderilla no se acabe en el año nuevo.
- La carpa de Año Nuevo y la sopa de pescado también son habituales. Se debe colocar una escama de pescado debajo del plato. Luego se debe llevar en la cartera, ya que simboliza una cartera repleta durante el nuevo año.
- Las mujeres que quieren casarse se deben detener frente a su casa y lanzar sus zapatillas sobre su hombro izquierdo. Si caen con la punta en dirección contraria a la casa, significa que se casarán ese año.
- Para favorecer la salud, en algunos lugares la gente salta vestida en un arroyo frío.
- Los deshollinadores y los basureros traen buena suerte. Debemos darles la mano.
- Se cuelgan las herraduras para proteger la casa y el patio, y así invitamos a la felicidad.

NOVENA NOCHE DE SAHUMERIO
1/2 de enero

2 de enero
Onomástica: Kenaz-Santa Catalina-Gaspar
Mes: septiembre
Tema: oro, lugar de la bendición

El 2 de enero muchas personas empiezan a trabajar de nuevo y la rutina de la vida diaria vuelve. Pero ahora un acontecimiento adquiere importancia en las noches de sahumerio, y nos recuerda en cierto modo a la Epifanía. Es el día de santa Catalina, que expresa varios aspectos de la Tierra madre y, al mismo tiempo, con su atributo, la rueda, significa la rueda de la vida, es decir, el nacimiento, el curso de la vida y la muerte. Ésta se ha puesto en camino para bendecir al elegido con los aspectos de la vida.

- Hoy es el día de la runa Kenaz, que significa «antorcha» o «luz», y, en sentido figurado, «conocimiento» y «sabiduría».
- Wilbeth-Catalina (la pura, sincera) representa, con su símbolo, la rueda, el hecho de que, a través de la fe, uno puede cambiar el destino y encontrar la salvación.
- Gaspar tiene origen persa y significa «tesorero que trae el oro». El oro es un símbolo de la perfección del alma. Se encuentra en el centro de la rueda del destino.

La luz se ha encarnado. Es perfecta y absoluta. Todos somos portadores de luz.

La luz brilla en cada átomo y en cada célula. Ahora es el momento de concentrarse y orientarse hacia el interior. En el medio hay tranquilidad, silencio, paz, y a partir de aquí crece la fuerza. Conecta con el núcleo dorado de tu interior.

Un pequeño ejercicio: bendición para el año nuevo

Enciende una luz para el año nuevo. Por un momento, entra en silencio y conecta con la luz dorada, tu naturaleza inmortal. Pide la bendición para tu vida y el año nuevo. Invita al oro a tu vida. Bendice el año nuevo imaginando cómo la luz dorada entra por tu *chakra* corona (séptimo chakra) hasta tu corazón y desde allí se dirige a tus manos. Ahora imagina los próximos doce meses y envía la bendición (envuelta en una corriente dorada de bendición) a cada mes del año nuevo. Imagina exactamente cómo envías la bendición. Presta atención a tus sentimientos y al flujo de energía. Toma nota de cómo te ha ido en cada uno de los meses.

DÉCIMA NOCHE DE SAHUMERIO
2/3 de enero

3 de enero
Onomástica: Ehwaz-Ambeth Margarethe-Melchor
Mes: octubre
Tema: incienso, visiones e inspiración, conexión con lo divino

- La runa Ehwaz representa la M y, por tanto, el movimiento, el desarrollo y el progreso.
- Ambeth-Margarethe simboliza la madre que da a luz a la vida. Está llena de amor, luz y bondad. Le son asignados la espiral de la vida y el caldero de la abundancia.
- Melchor es el sabio de Oriente que lleva el incienso al pesebre.

Si seguimos nuestro camino, podemos aprovecharnos de una fuente infinita de posibilidades. Tenemos la opción de actuar de esta o aquella manera, podemos decidir si este o aquel camino, decir estas palabras u otras.

El incienso simboliza lo sagrado de cada persona. El «oro de la vida», que por un tiempo está a nuestra disposición, pasa con ayuda del fuego de un estado sólido a humo y se eleva al cielo. Cada acción de nuestra vida discurre y permanece escrita en la luz del recuerdo.

Hoy se trata de concienciarnos de lo siguiente:

- ¿Cómo uso mis pensamientos, mi imaginación, mi poder expresivo tanto de palabra como con hechos?
- ¿Para qué utilizo mi energía vital?

- ¿Cómo manejo mi energía vital, qué tengo disponible aquí en la Tierra y cómo lo reparto?
- ¿Qué es lo que hago la mayor parte del tiempo?
- ¿Qué situación debería cambiar y mejorar?

Hemos dejado atrás el pasado, el momento presente es el ahora, el futuro no está todavía aquí. Cada día ofrece una nueva oportunidad de organizarse, de obtener nuevas y enriquecedoras experiencias. Mira hacia el futuro. Puedes empezar espiritualmente a mejorar tu vida. Hazte una idea de lo que quieres cambiar en tu vida, en este año de tu vida, y piensa en lo que puedes aportar para cambiar o mejorar ciertos aspectos de la vida. Todo cambio comienza, en un primer momento, dentro de ti mismo. Medita sobre la siguiente frase: «Lo único constante es el cambio».

UNDÉCIMA NOCHE DE SAHUMERIO
3/4 de enero

4 de enero
Onomástica: Berkana-Borbeth Bárbara-Baltasar
Mes: noviembre
Tema: soltar, despedirse, ocuparse con la muerte

- La runa Berkana representa la fertilidad y es el símbolo de la Madre Tierra. Se refiere al nacimiento, al matrimonio, a la muerte, y promete una vida pacífica y fructífera.
- Borbeth-Bárbara representa el corte del hilo de la vida y de las conexiones antiguas. Su símbolo es la torre. El nombre de la diosa de la Tierra, Beth, representa la cama en la que dormimos. *Beten* («rezar»), *betten* («acostar») y *bitten* («pedir») también están relacionados con ello. Beth garantiza que la muerte es sólo algo pasajero. *Bar* es tanto «dar a luz» como «féretro». *B* se escribe en la puerta de la casa pidiendo paz, descanso, protección y bendición.
- Baltasar significa «Dios salve su vida (eterna)». Trae la mirra, que solía usarse antiguamente para el embalsamamiento de los muertos. La mirra significa el aspecto humano que desvanece con la muerte.

Cuando estamos ocupados con la muerte o somos testigos de ella, aprendemos que nuestra existencia aquí, en la Tierra, es temporalmente limitada. Esto nos conduce a las siguientes preguntas sobre la vida:

- ¿Por qué estoy aquí?

- ¿Cuál es mi sentido de la vida?
- ¿Qué quiero traer aquí, a la Tierra?
- ¿Cuál es mi objetivo en la vida?

Cuando llegamos a nuestro centro interior, tenemos la capacidad de organizar de nuevo nuestras vidas y redistribuir nuestra energía. Podemos mover mucho si actuamos desde nuestra conexión interna. Mucha gente ha anclado en todo momento su energía inmortal aquí, en este plano. Aún hoy en día hay gente que se dedica a sus escritos, a su vida y conocimientos.

Tómate un tiempo y trata la muerte. Tiene lugar todos los días de tu vida.

- ¿Qué es lo que ha terminado definitivamente?
- ¿Dónde me siento preso y me quiero liberar?
- ¿Qué es lo que realmente quiere liberarse?
- ¿Qué es importante en mi vida?
- ¿En qué empleo mi energía vital?
- ¿Qué quiero que se diga de mí al final de mi vida?

Tener en cuenta el pasado o la limitación temporal puede ayudar a ordenar la vida, a estructurarla y a concentrarse en lo que se quiere realizar y vivir en esta vida.

DUODÉCIMA NOCHE DE SAHUMERIO
4/5 de enero

5 de enero

Onomástica: las tres niñas sagradas-día de la misericordia

Mes: diciembre

Tema: sahumar y limpiar

El 5 de enero es un día especial. Este día, como en el de los Santos Inocentes, se pueden solucionar las cosas que no salieron tan bien durante las pasadas noches de sahumerio.

Tómate tu tiempo y deja pasar mentalmente las últimas doce noches y días. ¿Qué no ha sido tan bueno? ¿Qué te ha molestado? ¿Qué señales no nos han hecho sentir bien? Anota todo. A continuación, procede como se describe en la página 90. Este día se empleará para prepararse para la noche siguiente, la cual alberga una bendición especial y mágica. En muchos lugares tienen lugar los desfiles y las carreras de la Perchta o alcanzan su punto álgido en esta noche, y fructifican numerosas costumbres y tradiciones.

La noche del 5 al 6 de enero también se denomina Hollanacht («noche de Holla»), Perchtnacht («desfile de la Perchta»), Dreikönigsnacht («Noche de Reyes») o Nacht der Wunder («noche de los milagros»). Por última vez, la caza salvaje se rebela antes de que se cierren las puertas del otro mundo.

Costumbres en la duodécima noche de sahumerio

- Esta noche se deja preparada la leche para los Tres Reyes Magos. Dicen que esta tarde traerá bendición y fertilidad para todo el año.
- Esa noche se sahúman gorras y sombreros. Se dice que trae claridad, fomenta la concentración y ayuda con la cefalea.
- Esa noche también se bendicen, se sahúman y se cargan energéticamente objetos mágicos y rituales.
- Se bendicen en la iglesia sobre todo agua, sal, tiza y todo tipo de objetos, lo que simboliza fuerza tanto para el hombre como para el animal y protección ante fuerzas malignas.
- No gusta salir esa noche a la calle, puesto que corretean por ellas fuerzas tenebrosas.
- Es costumbre hablar la noche de Reyes dentro de la chimenea, para que no caiga ningún rayo en la casa. Se debe decir: «Los Tres Reyes Magos están aquí. Si no vienen hoy, vienen mañana por la mañana temprano».
- Los sueños de esa noche se hacen realidad.

5/6 DE ENERO

La decimotercera noche de sahumerio

**La noche de los milagros/noches del amor
Los tres reyes magos – El día de la madre nieve
Tiempo de la epifanía – La aparición del Suell
Temas: Bendición – Final de las noches de sahumerio**

«Considera lo imposible como posible así ocurren los milagros».

El 6 de enero señala el final de las noches de sahumerio. La decimotercera noche de sahumerio, la noche de los milagros, es la no formulada y no mencionada decimotercera noche de las noches de las madres. En la antigüedad no se hablaba de ella porque la gente tenía miedo de asustar a las fuerzas milagrosas que trabajaban en silencio y en secreto.

El número 13 es el número de Venus, el número de la magia, el misticismo, el giro del destino y el equilibrio. En función de cómo hayamos manejado la energía del amor percibimos esta energía como si fuera un espejo. El 13 lleva lo oculto y lo olvidado hacia arriba, así como lo que quiere equilibrarse. Todo se ve, todo se oye, todo regresa.

La decimotercera noche de sahumerio es el lazo, el puente y el arco que se anudan en el año nuevo. Es una noche especial, y se la llama noche de la Perchta, noche de Reyes, noche de los milagros.

Los Tres Reyes Magos llegan donde está el Niño Jesús para bendecirlo. El 6 de enero la Iglesia celebra la Aparición del Señor. Conmemora la adoración de los Tres Reyes Magos, el bautismo de Jesús en el Jordán y las bodas de Canaán, donde Jesús realizó su primer milagro. Hasta mediados del siglo VI, este día se celebraba en Roma el nacimiento de Jesús, aunque hoy en día se trata de una costumbre sólo de la Iglesia de Oriente.

El 6 de enero a medianoche un nuevo resplandor y brillo termina con la hora de la muerte y la oscuridad que se habían manifestado en forma de la caza salvaje. Por última vez, la caza salvaje se dispone a cazar antes de que se cierren las puertas del otro mundo.

La señora Holle (Madre Nieve) ha sopesado y medido el destino, y ahora muestra claramente cómo continuará. La gente trabajadora que ha hecho mucho bien a otros es recompensada; la gente vaga e indecente, la gente codiciosa y egoísta es advertida para que cambie. Los *Sternsinger* (niños que el día de Reyes van cantando de puerta en puerta) van por las casas y las bendicen. Escriben con tiza que ha sido bendecida «C+M+B» en la parte superior de la puerta. Antiguamente era costumbre regalar monedas de la suerte o meterlas en el pan o en una tarta.

A quien le sale la moneda tiene suerte ese nuevo año. Además, se dice que, si brilla el sol ese día, anuncia que ese año va a ser tranquilo.

Costumbres en la noche de reyes

- Al ganado se le da la tiza bendecida junto con la sal para que esté bendecido. Asimismo, los animales son señalados con una cruz pintada con tiza para que estén protegidos y encuentren siempre el camino a casa.

- Parece que las iniciales «C+M+B» deben proteger las casas de incendios, temporales y robo.
- Los caminantes y los viajeros pueden escribir estas iniciales en un papel junto con las palabras «Los Tres Reyes Magos me acompañan y me protegen». Esto asegura que el viaje sea seguro, y que se llegue sano y salvo y rápido, además de estar protegido contra asaltos, ladrones y temporales.
- No puede faltar la varilla de zahorí realizada el día de Reyes y consagrada a uno de los Tres Reyes Magos. Si se consagra a Gaspar significa oro; a Baltasar, plata, y a Melchor, agua.
- Quien ayune a partir de los siete años sabrá a tiempo cuándo morirá.
- El que saque una estaca de madera del suelo cuando suene una campana puede recibir las profecías para el año que viene.
- Invocaciones, rituales, actos sagrados, oraciones y ruegos por los demás tienen un efecto fortalecedor y sanador.
- A medianoche se puede ver la Trinidad en el cielo y tres deseos se hacen realidad.
- El agua durante esta noche santa lava todo.
- Se dice que el agua de manantial tiene poderes curativos especiales esta noche.
- Se pone comida y bebida para los poderes invisibles (elfos, hadas, enanos) delante de la puerta.
- A medianoche se pueden abrir todas las puertas y ventanas, porque el viento de los Tres Reyes Magos trae bendiciones a la casa.

Disfruta de la magia de la vida, llévala contigo en tu vida cotidiana. Lo que crees que es posible es el milagro que puede hacerse realidad. Cree en ti mismo. Ama a tu prójimo como a ti mismo. El amor hace posible los milagros y trae el cielo a la Tierra.

EPÍLOGO

El día de los Tres Reyes Magos, el 6 de enero, se cierran las puertas etéreas del otro mundo. Antes de que nos metamos otra vez de lleno en las actividades de la vida cotidiana, tenemos una nueva oportunidad de pensar en las doce noches.

Como un pequeño ritual, te recomendaría que encendieras una vela y, cuando mires hacia atrás, repases detenidamente los días y las noches. Si has tomado notas, léelas de nuevo con tranquilidad. ¿Qué recuerdos has asimilado, qué es lo que ha quedado y qué te gustaría que fuera asimilado? ¿Qué necesita un poco más de tiempo y qué nuevos conocimientos te llevas contigo para el año que viene?

Puedes concentrarte en los sueños, la percepción de la luz, los estados de ánimo, los encuentros, los eventos que han tenido lugar en los últimos tiempos, las cartas, las conclusiones de los últimos días, los momentos bonitos y los menos bonitos.

¿Qué tema te ha preocupado más durante los últimos doce días y noches? ¿Cuál era recurrente?

Si tuvieras que poner un lema a los últimos doce días y noches, ¿con qué frases los resumirías? Cierra brevemente los ojos y observa qué color te viene a la mente cuando echas la vista atrás. Es el color de tu nuevo ángel, que te acompañará durante el año. Intenta conseguir una vela de este color y enciéndela siempre cuando necesites ayuda, protección y fuerza de los ángeles y del reino espiritual. ¿Qué olor percibes? ¿Qué sientes?

Al final escoge la quintaesencia que te puede acompañar durante el nuevo año como si fuera una «medicina para el alma». Envía al nuevo año este color como un arroyo de bendición sobre el que serás llevado. El Sol/la fuerza positiva traslada ahora su poder al nuevo año. Tal vez a través de esas noches de sahumerio tengas un débil indicio de lo que te espera, en qué quieres hacer hincapié, qué es lo que se tiene que hacer y qué no, con qué quieres seguir y qué debes simplemente aceptar.

Cuando al año siguiente estés de nuevo en el mismo punto, puedes coger tus apuntes o tu diario de las noches de sahumerio y comprobar si han tenido lugar de esa manera, si hubo acontecimientos en esos meses que hayas adivinado en los sueños o incluso en el día que representa este sueño De esta manera se recibe una sensación para interpretar los mensajes del reino espiritual y de cómo encauzar el destino, el cual se establece en estas noches especiales.

¡Que el año nuevo te traiga muchas bendiciones hermosas e inesperadas! ¡Que esperes y recibas lo mejor!

JEANNE RULAND

ACERCA DE LA AUTORA

Es médium de ángeles, profesora de Huna, imparte seminarios y es guía de viajes espirituales internacionales relacionados con los temas más diversos. Asimismo, imparte clases sobre naturaleza, ángeles y rayos, y para obtener un máster; también enseña geometría sagrada.

www.shantila.de

Índice de ilustraciones

Imágenes de la base de datos www.shutterstock.com:
Elementos de adorno: Fondo de estrellas: n.º 86106208 (©Yellowj), Fondo brillo de luces: n.º 232697392 (©AKaiser), Estrellas n.º 112573028 (©Eskemar), Adornos al lado de marcos de imágenes redondos: 145326541 (©Selena-May).
Otras imágenes: pág. 8 n.º 220863163 (©Creative Travel Projects), pág. 13 n.º 536325538 (©Yuganov Konstantin), pág. 15 n.º 352133432 (©Fesus Robert), pág. 19 n.º 72933751 (©Pavel_Klimenko), pág. 23 n.º 87823378 (©mironov), pág. 24 n.º 575483611 (©James Alex Duncan), pág. 25 n.º 1245195910 (©Romolo Tavani), pág. 27 n.º 378036271 (©canadastock), pág. 28 n.º 370076255 (©welcomia), pág. 29 y 75 n.º 1022646601 (©canadastock), pág. 31 n.º 762554902 (©Chernikovy Sisters), pág. 33 n.º 87772096 (©Misao NOYA),

pág. 35 n.º 332046056 (©Lukas Gojda), pág. 36 n.º 346645382 (©Tatiana Popova), pág. 39 n.º 1034956234 (©canadastock), pág. 40 n.º 790646674 (©FotoDuets), pág. 41 n.º 675590824 (©Jozef Klopacka), pág. 44 n.º 108393617 (©swa182), pág. 45 n.º 1173962737 (©VeronArt16), pág. 47 n.º 540969862 (©Roman Mikhailiuk), pág. 49 n.º 141736006 (©VeronArt16), pág. 51 n.º 218651458 (Maglara), pág. 53 n.º 1338692735 (©Irina Alexandrovna), pág. 73 n.º 103974461 (©Gwoeii), pág. 57 n.º 345136991 (©Chernikovy Sisters), pág. 58 n.º 1060056509 (©yulianas), pág. 59 n.º 93833953 (©nod_), pág. 63 n.º 602667743 (©Monika Wisniewska), pág. 67 n.º 1176904183 (©Pasko Maksim), pág. 70 n.º 510735799 (©muratart), pág. 71 n.º 132573236 (©psynovec), pág. 77 n.º 523601371 (©Zoom Team), pág. 79 n.º 84990487 (©Alexander Hoffmann), pág. 98 n.º 1206994339 (©YuliaGrigoryeva), pág. 100 n.º 61548199 (©Shebeko), pág. 102 n.º 1202236627 (©SimoKadula), pág. 106 n.º 1270190221 (©Natalia Ruedisueli), pág. 107 n.º 345840563 (©nito), pág. 112 n.º 717583243 (©kovop58)

DESEO DE TODO CORAZÓN PARA MÍ Y PARA LOS DEMÁS:

ÍNDICE

Las noches de Navidad 7
Prefacio 11
Qué ocurre en la naturaleza 15
El Adviento, un proceso de 28 días 17
Comienzan las doce noches de Navidad 19
Fenómenos naturales especiales durante las noches
    de sahumerio 23
El nombre de las noches de sahumerio 27
El secreto del tiempo 31
Un breve recorrido histórico 35
La reina de la trinidad – el regreso del amor 41
Perchta y su cortejo de espíritus 45
Cuentos, leyendas y mitos 49
Seres místicos de las noches de sahumerio 53
Lo que se dice de las noches de sahumerio 59
Rituales en las noches de sahumerio 63
Paso a paso por las noches de sahumerio 71
21 de diciembre 75
24 de diciembre 79
Primera noche de sahumerio 82
Segunda noche de sahumerio 84
Tercera noche de sahumerio 86
Cuarta noche de sahumerio 89
Quinta noche de sahumerio 91

Sexta noche de sahumerio 93
Séptima noche de sahumerio. 95
Octava noche de sahumerio. 97
Novena noche de sahumerio 99
Décima noche de sahumerio 101
Undécima noche de sahumerio 103
Duodécima noche de sahumerio 105
5/6 de enero 107
Epílogo 111
Acerca de la autora 113